ESTÁS A CARGO

Un viaje lúdico para aprender a ser mejor líder

SUSAN ARÉVALO

HOJAS DEL SUR

Buenos Aires

www.hojasdelsur.com

Estás a cargo
Susan Arévalo

1.ª edición

Editorial Hojas del Sur S.A.
Albarellos 3016
Buenos Aires, C1419FSU, Argentina
e-mail: info@hojasdelsur.com
www.hojasdelsur.com

ISBN 978-631-6631-16-9

Dirección editorial: Andrés Mego
Edición: Hojas del sur
Diseño de portada e interior: Arte Hojas del Sur

Arévalo, Susan

Estás a cargo : un viaje lúdico para aprender a ser mejor líder / Susan Arévalo.
- 1a ed - Ciudad Autónoma de Buenos Aires : Hojas del Sur, 2024.

256 p. ; 15 x 23 cm.

ISBN 978-631-6631-16-9

1. Coaching. I. Título.

CDD 111.07

©2025 Editorial Hojas del Sur S.A.

Escribí este libro para todas las personas
que están a cargo y que tuve el honor de
acompañar en estos años de profesión, tanto en
talleres como en entrenamientos individuales
y en clases de posgrado. Muchas de esas
conversaciones que aún guardo en mi memoria
y que siempre llevaré en mi corazón inspiraron
Estás a cargo. Gracias por su confianza.

ÍNDICE

Todos seremos líderes

por Leo Piccioli[1]

¿Podrías imaginar un mundo en donde todos poseamos habilidades de liderazgo desarrolladas y mantengamos un enfoque constante en el largo plazo?

En unas pocas décadas, lo sabremos.

Como especie, biológicamente no estamos diseñados para el presente. Desafíos como estar de pie a diario durante 80 años, estar sentados durante ocho horas seguidas, o leer en arial 8 son tareas para las que no estamos naturalmente equipados. Aun así, aquí estamos, habiendo superado estas limitaciones y alcanzado lugares que nunca hubiéramos soñado.

Sí, es una paradoja: miramos las redes sociales, las noticias, incluso escuchamos a nuestros amigos, y las cosas están mal. Claro, "mal" vende, atrae la atención, genera clicks, nos hace prestar atención. Cuando "todo está mal", estar bien es una afrenta, así que mejor nos callamos la boca... Y perpetuamos el ciclo.

Sin embargo, apoyamos pulgar e índice en nuestra realidad, los separamos, y vemos cómo hoy la humanidad está

---

1. *El autor es ex economista, autor de *Soy Solo* y especialista en liderazgo disruptivo.

mucho mejor que hace una década, y más aún que hace un siglo. ¿Para qué estudiamos la Baja Edad Media sino para entender lo que logramos desde entonces? Con el espíritu -y tal vez competitividad- humano, experimentamos, investigamos, aprendimos a encender el fuego, prender una lamparita, curar una enfermedad, conectarnos. Nunca olvidemos que si le describiéramos esta realidad a alguien de hace mil años, diría, sin duda, que es magia.

Nos damos vuelta y miramos al futuro y eso es también lo que vemos, magia. Pero una magia distinta, una magia más potente: magia de miles de millones de magos, soñando, creando, disfrutando.

De a poco seguiremos avanzando este proceso de deszombificación, entendiendo que ya no somos esos robots pedorros que tienen que obedecer ciegamente y hacer tareas repetitivas. Claro que no será fácil, las instituciones, estructuras, hasta los organigramas tratarán de evitarlo al grito de "¡siempre lo hicimos así!". Pero este pasaje de zombie a mago del futuro partirá del autoconocimiento, de nuestros valores, de nuestros deseos, de nuestras acciones alineadas. De nuestra integridad.

Por eso estoy convencido de que, a lo largo de las próximas décadas, todos adquiriremos las habilidades que necesitamos para seguir avanzando. Todos seremos, finalmente, líderes.

Pero para lograr esto, debemos desearlo. Buscarlo activamente. Debemos estar dispuestos a compartir nuestros aprendizajes, a dar y recibir. Después de todo, es así como hemos llegado hasta aquí.

Estás a cargo es un libro diseñado para ayudarte en este viaje. No es un libro de liderazgo ordinario. En lugar de recitar teorías abstractas, te guía a través de metáforas familiares y te muestra cómo aplicar conceptos de liderazgo que ya conoces de otras áreas de tu vida. Susan, con un tono amigable y orientado a la acción, te invita a ser el Hércules de tu propia historia, presentándote 12 desafíos únicos que te llevarán por un camino de autoconocimiento y liderazgo.

Así que, ¿estás listo para estar a cargo?

El valor de hacerse cargo

"Me llamo Susan, como Susana pero sin la última a" es como suelo presentarme desde que tengo memoria. Así evito formularios y documentos mal escritos. Por esas vueltas misteriosas de la vida, crecí para convertirme en una comunicadora. Quizás, de tanto repetirlo, fui entendiendo cuán importante es llamar a las cosas y a la gente por su nombre. Y me convencí de que tal vez el refrán no sea cierto, y que quien aclara no siempre oscurece. A veces, se hace cargo de cómo quiere ser recordado.

Desde muy chica sentí fascinación por el mundo del trabajo y quise saber a qué se dedicaba la gente. Mientras cursaba la escuela secundaria, daba clases de inglés a las hermanas menores de mis amigas. A los 16 ya tenía un contrato de trabajo de medio tiempo en la sala de télex de una empresa marítima. Al mundo organizacional lo conocí bien desde arriba y sin decorados, porque durante los años que siguieron fui asistente de altos ejecutivos de la empresa.

Tuve la suerte de cursar toda la carrera universitaria de Recursos Humanos mientras me desarrollaba como analista del área de capacitación de una empresa icónica de la industria alimenticia. Y la desdicha de ser, cinco años después, tras haberme ganado el lugar de coordinadora, quien apagara la luz tras un proceso de venta de la fábrica que producía el mejor pan dulce de la Argentina: el de la capa almendrada, el favorito de mi mamá.

La pena me duró poco. Enseguida ingresé a trabajar en un banco internacional. Pero años después de mi ingreso, este decidía desarmar su departamento de Desarrollo del Talento y me dejaba sin empleo por segunda vez en mi corta vida. Tareas como estimación de potencial o planes de sucesión de carrera, mis responsabilidades en este puesto, se diluían, y era difícil vislumbrar un futuro. La crisis del 2001 había dejado una única prioridad a toda la industria bancaria: la de sobrevivir al corralito y reconstruir la confianza perdida por la sociedad argentina.

Una vez más, el impacto emocional de mi inesperado desempleo no me dejaba dimensionar cuánto agradecería más tarde aquel retiro voluntario que me financiaba una vida nueva como instructora independiente.

Y así, en 2007, y junto a una socia, fundé mi primera consultora. Alquilé oficina y contraté secretaria y varios colegas consultores que se sumaron al *staff*.

Coordiné procesos de capacitación masivos para líderes de muchas empresas donde fui proveedora externa durante varios años. Me siento feliz por la diversidad de clientes con los que he trabajado desde entonces: corporaciones internacionales, PyMEs, sindicatos, entidades estatales y el ecosistema micro emprendedor, y ahora también me he expandido a Latinoamérica.

Pienso como una *millenial* desde antes de que el término fuera acuñado. Tal vez por eso persigo el bienestar. Y también el equilibrio entre la vida y el trabajo (aunque esto último también puede ser porque nací bajo el signo de Libra). Confieso que, en este presente, me cuesta lograrlo, porque lo que hago no es trabajo sino mi propósito de vida, y me apasiona. Pero no es la realidad de muchas personas (lamentablemente).

Mis clientes dicen que me reinvento todo el tiempo, pero lo que no saben es que me canso de mí misma. Soy bastante nerd y disfruto mucho de la vida universitaria tomando y dictando clases que me renuevan.

Al repasarlos, estos logros me dan mucha alegría, pero ninguno me define.

No soy *coach,* aunque me he certificado como tal. No soy profesional de Recursos Humanos, aunque me gradué en la Universidad de Buenos Aires, y no soy consultora en talento, aunque a eso me dedico hace más de 20 años. Lo único que siento que soy es la mamá de Vera y de Gonzalo, y ese estar siendo me llena de un orgullo existencial más que cualquier otro diploma.

Lo reconozco: me paso horas conversando con gente dentro y fuera de las pantallas. Pero cuando cruzo el boulevard de los eucaliptos, me voy aquietando. El aroma a jazmín y la alfombra de hojas de cinco puntas de los liquidámbares, que crujen debajo de mis pies, me dicen que estoy en casa. Rodeada de libros, de gatos y de mucho verde, regreso a mí. La buena música y el olorcito a comida que invita a quitarme los zapatos no es obra mía sino del chef de la casa.

Lo mío es cocinar palabras.

Liderar no es lo mismo que dirigir

Esta es la historia de cómo una secretaria inexperta en el mundo de las organizaciones llega a convertirse en una formadora de líderes. Para contarla, debemos situarnos en el Antiguo Mundo, el de antes de la revolución. Sin Google ni GPS que marcaran el rumbo, mi vida transcurría entre agendas Morgan y minutas de una impresora de punto. Me ganaba la vida como una nueva y bastante torpe secretaria del gerente de Recursos Humanos de una empresa de más de 6000 empleados.

Recuerdo aquella vez que la secretaria del jefe de mi jefe me quiso culpar de una demora grave. Según ella, yo había despachado tarde un sobre con un contrato súper importante. Por entonces tenía 20 años, estaba muy comprometida con mi trabajo y quería hacer todo bien. Aunque, sin *screenshots* ni celulares, las cosas pendían de un hilo. Era mi palabra contra la suya. Y te imaginas lo delgado que suele ser el hilo cuando las relaciones de poder son tan dispares.

En aquel contexto, las palabras de mi jefe al intervenir fueron determinantes y marcaron un antes y un después: "Si Susan dice que el sobre acá no está; entonces búscalo, porque acá seguro que no está". ¡Cuánta confianza puede generar un líder en una empleada con "tan poco"!

Pasaron tantísimos años desde aquel espaldarazo, que no fue el único gesto de motivación que tuvo para conmigo. Nunca sabré si recortaba y dejaba sobre mi escritorio artículos de estrategia con notas resaltadas porque vio en mí un potencial o si fue él quien lo creó con esas acciones sostenidas a través de los años que trabajé a su lado.

Al cabo de un tiempo, fue promovido y se fue. Pasé por varias posiciones como analista en esa y en otras empresas. Tuve distintas jefas y me formé primero como profesional de capacitación y luego como especialista en desarrollo. Aprendí de prestigiosos consultores externos y hace casi 20 años que dicto talleres grupales de liderazgo. Me expandí en lo profesional, pero nunca me separé de aquella sensación de posibilidad y de confianza.

A través del ejercicio del *coaching* ejecutivo, sobrevinieron años de trabajar con muchos líderes cara a cara. Tantas historias de vida. Perfiles distintos. Trayectorias diferentes, pero con una variable en común: ¡muchas horas dedicadas al trabajo, incluso más que a la vida personal! Tantas carreras que dependen de alguna manera de esos líderes. A través de ese vínculo, la gente entiende lo que se espera de ella, qué es lo que hace bien y cómo puede hacerlo mejor.

Y así fue como empecé a sospechar que tal vez el liderazgo fuese la forma más tangible de cambiar el mundo, y se transformó en mi propósito de vida. Siento que, si ayudo a que las personas que hoy "tan solo" dirigen se transformen en personas que lideran, colaboro a que miles conformen organizaciones donde la motivación fluya.

Mucho más que un puesto

SPOILER ALERT: no quiero convencerte. Ya estoy convencida: el liderazgo es una forma de ser y de estar en el mundo.

Hace más de 20 años que me dedico a divulgar este estilo de vida y asisto a líderes a lo largo de su evolución de carrera. Lo único que conozco son organizaciones. He vivido en ellas casi toda mi vida y sé que las hay de distinto origen, estructura, ideología y propósito, pero absolutamente todas están conformadas por personas.

Si te nombraron líder de un equipo, eres una persona afortunada.

Para tu equipo, eres la variable que hace que su trabajo satisfaga sus necesidades o no. Tú decides muchas cosas, entre ellas cómo quieres que te llamen: jefe, supervisor, encargado, manager o CEO.

Pero, si después de leer este libro comprendes lo que implica que tú ESTÁS A CARGO, entonces definirás mucho más que el nombre de tu puesto. Tus dichos y tus acciones influirán en cómo serás recordado aunque pasen muchos años. Si como aquella persona para la que alguna vez trabajaron o como "esa" persona, "la persona" que marcó su vida laboral con algo especial, una huella inspiradora, que aún los acompaña desde entonces. Y tal vez ni siquiera lo sabes.

A través de las múltiples conversaciones que mantengas con tu equipo, puedes usar tu poder para detectar talentos en la gente y formar buenos grupos de trabajo.

Después de leer este libro, me gustaría que también veas cuántos talentos que la gente ni siquiera sabe que tiene puedes crear a través de tu estilo de liderazgo. Y para eso te invito, a través de este *challenge*, a creer y sentir que ESTÁS A CARGO.

Cómo leer este libro

Este libro es una aventura de iniciación en el arte y el ejercicio del liderazgo. Un viaje que consta de 12 trabajos que el líder aprendiz debe atravesar. Te recomiendo tener lápiz y papel a mano para ir tomando nota y haciendo los ejercicios de esta travesía.

Como toda aventura, si decides emprenderla, contarás con buena compañía: la de la Brigada AT, también conocida como la Brigada de la AutoTransformación, que te guiará a lo largo del recorrido.

Son 12 islas. Son 12 desafíos y cada uno es diferente. Conforme vayas terminándolos, te sentirás cada vez más equipado. Y, si sobrevives a los peligros, al finalizar podrás certificar que ESTÁS A CARGO.

Algunos de los trabajos te permitirán desarrollar una toma de conciencia y gozar de esos momentos *wow*, donde te das cuenta de algo que antes no comprendías. Otros te plantearán el desarrollo de un aprendizaje que te permitirá accionar distinto. O la incorporación de alguna estrategia o un cambio en la forma en la que planificas o ejecutas tus conversaciones. Todos ofrecen herramientas prácticas, porque la idea es que te resulte más fácil realizar todo lo que necesitas ejecutar para lograr tus objetivos.

Este libro es particular. Está basado en principios profundos bien fundamentados y, a la vez, su lectura te sumerge en una dinámica de viajes de aventuras.

¡Y ya sabemos que no hay mejor modo de aprender que despertando emociones, intrigas y risa!

Déjate guiar por Agatha y sus amigos, juega y demuéstrate a ti mismo que por algo ESTÁS A CARGO.

Conforme vayas cumpliendo los trabajos de las 12 islas, estarás en condiciones de inspirar a otros y de ser su guía.

CAPÍTULO 1

Alistándote

¿Sospechas que tu forma de dirigir no produce los resultados que buscas? ¿Necesitas desarrollar talentos nuevos en tus equipos? ¿Te gustaría saber cómo puedes influir para que la gente quiera participar de tus iniciativas? ¿Aceptas el reto de renovar tu estilo de liderazgo?

Bienvenido entonces al mundo de Agatha Thompson.

¿Quién es Agatha?

Es un ser mágico que habita la Tierra desde tiempos inmemoriales. Posee ojos de amatista que detectan los patrones de sufrimiento que los obsoletos sistemas de creencias generan en los líderes. Posee el don de la empatía inmediata. Lee el pensamiento. No juzga. Es hija del Rigor y de la Oscuridad. Su padre, El Rigor, ha inspirado las teorías de Administración de Empresas que se han usado desde la Revolución Industrial que han generado tantas lágrimas en el mundo del trabajo. Su madre, la Oscuridad, tergiversa la visión y potencia los miedos avivando así las teorías de el Rigor. Agatha fue rescatada de esos padres feroces y criada por la Sabiduría. Su misión desde siempre es acompañar la formación de nuevos líderes.

El resto del equipo

Completan la Brigada AT la sarcástica gata Turmalina, quien gusta de decir lo que nadie se atreve acerca del liderazgo en las organizaciones.

Y Juan, el colibrí optimista que cree en los líderes.

Ellos te acompañarán para que puedas completar los 12 trabajos de este libro, que te dotarán de aceptación, entendimiento, habilidades y herramientas para que sientas que ESTÁS A CARGO de tu área, de tu carrera y de tu desarrollo personal.

¡Tienes la enorme posibilidad de ser parte de una generación de líderes que está transformando el mundo del trabajo en entornos colaborativos donde la motivación fluye!

Check-in

Como en todo viaje, vamos a empezar por el proceso de *check-in*. Deberás presentar la documentación que avala tu identidad, antecedentes, origen y destino. También necesitaremos hacer controles de tu estado de salud. Y revisar las pertenencias que has empacado en tu valija.

El paso final será la Aduana, donde atravesarás el *scan* de fortalezas y debilidades, y antes de que el personal de seguridad le ponga un sello a tu pasaporte, deberás dejar registro en el sistema de cuáles son las amenazas y oportunidades actuales que enfrentas en tu rol.

Consentimiento legal

Empecemos por el primer requisito formal: si ESTÁS A CARGO de un equipo de trabajo en una organización, probablemente hayas firmado una carta. ¿La leíste bien? Si aún te estás preparando para ser promovido, presta atención, porque deberás firmarla.

Toda persona que acepta un cargo de supervisor, jefe, gerente o director, lo sepa o no, ha firmado una carta. Quizás en tu caso esa carta tenía el nombre de *offer letter* (documento usado en varios países donde se establecen las condiciones de tu contratación. Incluye conceptos tales como la compensación anual, los pagos variables, los días de vacaciones y un detalle de los beneficios). El dilema con la carta es que estos conceptos son tan importantes que monopolizan la atención. Y la persona no repara en que, hacia el final del documento, escrito en una letra bastante más chica que la anterior (muchas veces imperceptible) hay una advertencia:

"Se deja expresa constancia de que a partir de ahora enfrentarás situaciones en el trabajo que pueden generarte altas dosis de frustración y de contradicción los 365 días del año".

____

Firma tu consentimiento.

Turmalina: Vaya forma de ahuyentar a futuros líderes, ¿no?

Juan: Por favor, Turmalina, no nos adelantemos y sigamos leyendo la carta.

Acerca de la frustración

Sentirás frustración porque, a partir de ahora, tus resultados no dependerán más de tus conocimientos, habilidades y actitudes (al menos no en el 100%). A partir de que ESTÁS A CARGO, alcanzarás tus objetivos si y solo si coordinas el trabajo de un equipo. Y eso significa que necesitarás gestionar la materia más especial que existe en el planeta Tierra: las personas.

Las personas somos seres complejos. Ya lo ha demostrado la psicología desde el descubrimiento del inconsciente por parte de Freud hasta las más modernas neurociencias. Existen impulsos, comportamientos, reacciones y decisiones de los cuales las personas no son conscientes ni entienden por qué hacen lo que hacen. No les motivan los mismos incentivos y atraviesan distintas etapas a lo largo de su vida que hacen que todo esto cambie. Aun así, necesitarás generar las condiciones de motivación adecuadas para ellos. Por eso, es probable que, en ocasiones, sientas frustración.

Turmalina: Lo que Agatha olvidó decir (¡cuando no!) es que además de compleja, hay gente que es complicada. Esa te multiplica la frustración.

Juan: No te preocupes. Aprenderás a reconocer estos patrones y contarás con herramientas para lidiar con ellos.

Acerca de la contradicción

Como consecuencia de vivir situaciones de frustración, cuando ESTÁS A CARGO puede ocurrirte que sientas una fuerte tentación de aliarte con tu equipo. Buscarás agradarles y, en tu afán de ser aceptado como líder, de no dejar de ser un compañero más ni parecer arrogante, puedes caer en la tentación de ponerte fuera de las decisiones difíciles que «la empresa» toma. Y siempre que lo hagas, incrementarás la sensación de contradicción.

A partir de que ESTÁS A CARGO, para tu equipo ya eres "la empresa" Y si les envías mensajes contradictorios, lamento decirte que no solo no serán más felices, sino que socavarás tu autoridad. Existen formas alternativas de generar climas positivos, pero no tienen que ver con que te pongas en la vereda de enfrente de "la empresa".

¿Queeé? ¡Frustración y contradicción! ¡No necesito leer más para amargarme! El liderazgo es una maldición... mejor ser un simple y feliz empleado.

Espera, por favor, lector. No te estreses. Respira. Así, tranquilo. Sigamos leyendo.

Entonces, una vez que termines los doce trabajos, corregirás la carta.

Tomo conocimiento y acepto que, al ESTAR A CARGO, puedo vivir sujeto a situaciones que me generen altas dosis de frustración y de contradicción los trescientos sesenta y cinco días del año... hasta que me dé cuenta, cambie mis interpretaciones y me transforme en la mejor versión de líder que puedo estar siendo.

____

Firma tu consentimiento

Bien. Ahora continuemos con el proceso de embarque.

Todos podemos liderar

El liderazgo no es exclusivo de Mandela, Obama, Lincoln, San Martín o Bill Gates.

No es una posibilidad excluyente de gurúes ni de multi mega millonarios.

El liderazgo es más o menos como en la película *Ratatouille,* donde Gustav, el reconocido chef parisino, aseveraba en su libro que cualquiera puede cocinar. De alguna manera, cualquier persona, no importa su posición en la compañía, puede liderar. El encargado de una línea de producción, el gerente general de una distribuidora de golosinas, la jefa de un salón de supermercado, el gerente de una metalúrgica o la directora de Operaciones de una empresa de sistemas pueden liderar. Si tomas la decisión, serás líder. Si quieres. Si dejas de patear la pelota fuera de la cancha y no culpas a los demás por lo que no hacen. Si tienes la valentía de mirar hacia adentro y aprendes a comunicarte mejor. Si te transformas en una oferta de valor para tu equipo. Si ves tus debilidades como áreas de mejora, entonces este es tu *challenge*.

El liderazgo no es de iluminados. Es una forma de ser y de estar en el mundo. Líder no se nace. Se nace con algunas características a las que, por muchos años, se les llamaron liderazgo, pero que no lo son.

A lo largo de estos siglos, se ha llamado líder y aún quedan personas que creen así a varios perfiles de dirigentes: al que sabe mucho técnicamente y recela sus conocimientos y no los comparte con nadie; al que es extrovertido y habla bonito; al que dice palabras que después no acompaña con hechos; al que se impone y avasalla; al que cree que sabe todo y no deja hablar a nadie; al que se adjudica el trabajo de su equipo y ni siquiera lo reconoce; al que manda, exige con rigor y no tolera un error; al que no felicita a nadie porque la gente debe hacer su trabajo bien, porque para eso se le paga; al que reprime en público hasta la humillación, para que sea aleccionador para el resto del equipo; al que jamás reconoce los logros en público porque teme que los felicitados le pidan un premio.

Por favor, no llamemos a estos comportamientos liderazgo.

 Aquí los llamamos jefecitos y los consideramos tremendamente peligrosos, ya que atentan contra la motivación y la evolución de las organizaciones.

Te haces líder cuando te das cuenta de cuánta influencia puedes ejercer en quienes te rodean. Cuando dentro de tu metro cuadrado eres molde y modelo. Cuando transformas la vida de los demás simplemente por haberte cruzado en sus caminos. Cuando entiendes que el modo en el que conversas genera realidad y aspiras a ser impecable con tus palabras. Cuando haces que la gente quiera trabajar contigo porque de tu mano crece y se desarrolla. Cuando descubres talentos en las personas antes de que ellas se den cuenta de que los tienen. La gente te reconoce líder por cómo los haces sentir cuando ESTÁS A CARGO.

El liderazgo no es chiste. El chiste, mi querido lector, es darse cuenta de cómo dejar de mandar, de dirigir, de retar, de controlar, y en cambio empezar a liderar.

No te preocupes ahora por la letra chica de la carta de consentimiento.

Aprenderás a lidiar con la frustración y la contradicción.

Las neutralizarás o la disminuirás porque sabrás cómo jugar este juego del liderazgo que no es más que construir relaciones sustentables en el marco de un rol que te transfiere a tí la organización.

Tú ESTÁS A CARGO, firma la carta con tranquilidad. Y si ya la has firmado antes y no habías leído la letra chica, no te angusties. A lo largo de los próximos 12 trabajos recibirás mucha información y desarrollarás nuevas perspectivas.

Juan: No sentirás más la contradicción, porque te plantarás de otra manera.

Turmalina: O bien aceptas la frustración como parte de tu rol o revientas.

Pre-boarding: chequeo de salud

Antes de embarcar, necesitamos estar seguros de que gozas de un buen estado de salud. Los 12 trabajos te van a proponer cierto grado de esfuerzo y deberás enfrentar algunas situaciones que pueden ser de alto impacto emocional. Así que es importante que estés en óptimas condiciones.

Existen virus y bacterias que suelen atacan tu sistema inmune. Si no se detectan a tiempo, pueden generar molestias, daños e incluso transformarse en enfermedades crónicas, que, si bien no son mortales, está comprobado que traen malestares desagradables para quien las padece. Y, como toda enfermedad, además ponen en riesgo los espacios donde los líderes interactúan, ya que producen alteraciones en algunos de sus comportamientos que impactan en sus equipos de trabajo.

Declaración jurada de salud

Es importante que puedas hacer una autoevaluación concienzuda, ya que un buen diagnóstico será decisivo para recibir el tratamiento o la vacuna adecuada que te permita participar de este desafío.

Listado de enfermedades

1. Solucionadorsitis: este es un síndrome muy común que ataca a los nuevos líderes. Sus síntomas son muy intensos y les hacen sentir que todo lo que ocurre en el sector lo tienen que resolver personalmente.

2. Explicacionismo: el líder padece de una necesidad casi compulsiva de explicar sus decisiones, movimientos y puntos de vista. Generalmente se debe a la necesidad de ser aceptado. Suele responder a la inseguridad personal. Los síntomas más desagradables son que se desgasta y proyecta una imagen de falta de confianza personal que empeora el estado general de la salud del líder.

3. EPED, estrés por empatía disfuncional: enfermedad que cuesta diagnosticar bien. El líder sufre de una sobreidentificación con las emociones desagradables del equipo y las siente como dolores propios. Los síntomas son la pérdida de visión macro y una severa dificultad para sacar a la gente de su zona de confort o ayudarlos a alcanzar los objetivos.

4. **Distancialorrea crónica:** padecimiento muy común en líderes que se reconocen poco orientados a las relaciones. Toman una distancia de rescate que hace que su liderazgo deje de ser afiliativo y pone en riesgo la consecución de los objetivos cuando los equipos necesitan de una figura de líder formador.

5. **Negacionelosis:** enfermedad asintomática que padecen algunos líderes que los lleva a estar convencidos de que los conflictos tanto dentro como fuera del sector se resuelven solos y que no es su responsabilidad participar de los mismos.

6. **Trastorno nostálgico degenerativo:** es un desorden autoinmune que se despierta frente a los cambios imprevistos. Los líderes se aferran a la creencia de que todo tiempo pasado fue mejor resistiendo innovaciones y esparciendo este virus entre su equipo.

7. **Confusionitis:** causada por el temido *confusioviridae*. Ataca el sistema cognitivo de los líderes y produce una pérdida del sentido del rol. Entre sus síntomas más frecuentes se reporta la aparición de creencias tales como que la gente tiene que darse cuenta sola de lo que se espera de ellos y cuáles son las cosas que tiene que mejorar.

8. **Errornitosis o alergia al error:** es una enfermedad de apariencia inofensiva pero que ataca la piel generando fuertes alergias que repelen los errores. Los

síntomas asociados son altas dosis de exigencia que generan climas de tensión y restringen la capacidad creativa de los equipos.

9. **Oclusión auditiva por incontinencia verbal:** causada por el hongo Hericium Egorinacium. Este va produciendo una sordera que le impide a los líderes escuchar durante las conversaciones de las que participan. Puede causar picos de incontinencia verbal sin causas externas más que una fuerte necesidad de manifestar su ego.

10. **Síndrome no delegacionista por *desconfianzavirus*:** esta es una de las enfermedades más comunes de los nuevos líderes. Delegar las tareas a su equipo les produce fuertes migrañas que se agravan con tensión en las cervicales. Desconfían y controlan de modo compulsivo. Creen que nadie hará las tareas tan bien como lo hacen ellos.

11. **Distrofia de desempeño por exigencia crónica:** sus síntomas son falta de sueño, exceso de control y altas dosis de exigencia agravadas por el temor a que el equipo descanse. Estos hacen que el líder repela cualquier situación de reconocimiento, rituales de festejo y de integración del equipo.

12. **Enfermedad del Deberser:** es una dolencia de tipo mental casi imperceptible que rige el comportamiento de los líderes que creen que las cosas deben ser de

la manera que ellos creen. Se manifiesta con síntomas de intolerancia a la diversidad, autoritarismo y falta de empatía.

Ahora, trata de autodiagnosticarte usando el siguiente cuadro:

ENFERMEDAD	NO	SÍ		
		Leve	Moderado	Crónico
Solucionadorsitis				
Explicacionismo				
EPED (Estrés por Empatía Disfuncional)				
Distanciolorrea crónica				
Negacionelosis				
Solucionadorsitis				
Trastorno nostálgico degenerativo				
Confusionitis				
Errornitosis o alergia al error				
Oclusión auditiva por incontinencia verbal				
Síndrome no delegacionista por desconfianzavirus				
Distrofia de desempeño por exigencia crónica				
Enfermedad del Deberser				

CAPÍTULO 2

Zona de embarque

Es preciso que vayas al mostrador de embarque y acredites tu identidad. Deberás tener el pasaje en mano, la carta de consentimiento firmada y tu documentación personal.

ID - Formulario A001 - Identidad - Datos personales

Deberás constatar en el siguiente formulario cuál es tu rol (el nombre de la posición que ocupas) y para qué existe en la organización.

Tu lugar en la organización responde a una necesidad. Tus clientes internos o usuarios finales necesitan de ti la producción de ciertos productos y/o servicios. Ellos y sus necesidades le dan sentido a tu área. Vamos a identificar quiénes son. Y por supuesto, cuáles son tus OKR's (Objectives and Key Results, los objetivos claves que persigues en este período en el que empiezas el *challenge*). Pueden ser anuales, semestrales o trimestrales y orientan todas tus acciones y las de tu equipo.

Nombre de la posición	
Para qué existe	
Usuarios / clientes internos	
Qué reciben de ti	
Cuáles son los objetivos clave	

ID – Formulario A002 - Identidad – Antecedentes

Como toda persona que lleva algunos años trabajando en organizaciones, has de tener una historia. Todos estamos hechos de palabras que conforman relatos que nos definen. Tus experiencias con líderes (o jefecitos), para bien o mal, te han dejado cicatrices o huellas.

En el *Coaching* Ontológico usamos el concepto de transparencia. Es un sinónimo de "en automático", sin conciencia. Y el ejercicio del liderazgo tiene mucho de transparente.

Son pocos los casos en los que a la gente se la prepara para liderar como estás haciendo tú ahora, alistándote en este *challenge* ESTÁS A CARGO. Por lo general, al liderazgo se llega "con lo puesto", sin preparación alguna ni trabajo sobre uno mismo. Y así, los nuevos líderes hacen lo que pueden. Justamente esa es la cuestión: el liderazgo tiene mucho de copia, de modelado. De esta forma, parados sobre su propia historia y en transparente, a los líderes los mueven dos energías.

La primera es centrípeta, y tiende a llevar el foco hacia dentro, hacia sí mismos. Como producto de esto, los líderes se sienten seguros repitiendo lo que a ellos les funcionó. Entonces si, por ejemplo, a ellos los dejaron solos y les dieron pocas indicaciones de cómo empezar el trabajo y sienten que salieron airosos y se fortalecieron, tienden a hacer lo mismo. Esto trae mucho dolor a los equipos, ya que nada garantiza que la historia se vaya a repetir y que la receta sirva para todas las personas.

La otra energía que asalta a los nuevos líderes que actúan en transparencia es de origen centrífuga, y se caracteriza por expulsar todo aquello que les hizo daño. Evitar lo que a ellos no les funcionó. Retomando el mismo ejemplo, si a ellos los dejaron solos y con pocas explicaciones, buscan reparar ese dolor haciendo *micromanagement,* acompañando en exceso a la gente y no dándole tiempo ni espacio para que experimente o se equivoque. Sienten que así están actuando bien.

Pero tomemos el concepto de transparencia y realicemos una distinción: no se trata de uno como líder, sino del equipo que se lidera. Es decir, sí se trata de ti, pero de otra manera. Eres tú que ESTÁS A CARGO de tu propia historia, de tus dolores, cicatrices y huellas. Pero no se trata de evitar ni de repetir aquello que viviste en el pasado, sino de mirar, registrar y calibrar a tu equipo y entender qué necesita de ti.

 **Turmalina:** ¿Has oído el dicho "no le hagas a los demás lo que no quieres que te hagan a ti"? Bueno, cuando tú ESTÁS A CARGO, mejor olvídalo.

Juan: Lo que Turmalina quiere decir es que no es lineal: no se trata de ti sino de lo que tu equipo necesita de ti. Ellos son la variable de ajuste.

Advertencia

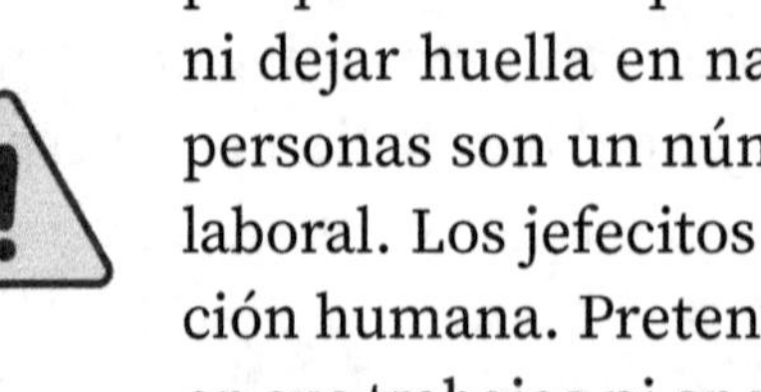

El *challenge* ESTÁS A CARGO, como toda aventura, tiene peligros. Y, en este caso, son los jefecitos. Perdón por la ironía, pero no podemos llamar líderes a estos individuos, ni siquiera aprendices, porque ellos no quieren ser una oferta de valor ni dejar huella en nadie. Ellos piensan que las personas son un número, un recurso, un costo laboral. Los jefecitos son letales para la motivación humana. Pretenden que la gente no piense en sus trabajos ni aporte ideas, ni mucho menos que pueda innovar. Los jefecitos solo quieren que la gente obedezca lo que definen "los de arriba". Algunos parecen inofensivos y otros se muestran abiertamente agresivos. Se los reconoce porque dicen frases como "no te pago para que pienses", "hazlo así y no preguntes", "siempre lo hicimos así", "¿quién te crees para proponer cosas?". Debes tener mucho cuidado y huir de ellos.

Mientras realices los 12 trabajos, la presencia de los jefecitos debe ser denunciada de inmediato, ya que atenta contra el trabajo de la Brigada AT. Como podrás imaginarte, los jefecitos no quieren que nadie se transforme en líder.

Juan: A mí los jefecitos me dan mucha compasión. ¡Pobres! ¡Están taaan equivocados.

Turmalina: ¡A mi no!. Lo único que quiero es que desaparezcan del mundo del trabajo.

De cualquier manera, estaremos atentos para evitar los peligros que el accionar de los jefecitos pueda generar a lo largo del *challenge* ESTÁS A CARGO.

El líder que habita en ti

Ahora te invito a completar el siguiente cuadro. Tómate el tiempo necesario para reflexionar sobre cada respuesta. Y si en lugar de líderes has padecido a un jefecito, lo siento mucho por ti, querido lector. Es muy injusto y no lo merecías. Pero si completas el *challenge* ESTÁS A CARGO y cumples con los 12 trabajos, serás un héroe. Darle a otros algo que no has recibido de nadie es verdaderamente digno de ser aplaudido.

Juan: Épico. Vamos, ¡cambiemos las organizaciones!

Turmalina: No nos adelantemos Juan. ¡Hay que ver si puede!

El líder que habita en ti
¿Cómo han sido tus experiencias con antiguos líderes o jefecitos?
¿Te han dejado marcas o cicatrices? ¿De qué te alejas? ¿Cuáles situaciones no quieres repetir ahora que ESTÁS A CARGO?
¿Has tenido la suerte de que un líder haya dejado huella en ti? ¿Cuáles han sido fuente de inspiración? ¿A quién quieres parecerte y por qué?

ID - Formulario A-003 - ¿Qué oferta de valor eres como líder?

Las personas se emplean ilusionadas. Una organización o un *headhunter* les hace la promesa de una posición que les augura desafíos, condiciones de empleo atractivas, posibilidades de formar parte de una comunidad, de una empresa que está cambiando la vida de sus usuarios. Hay mucha transferencia de sueños que se plasma en ese contrato psicológico. Pero más temprano que tarde, muchos renuncian, y a lo que le cierran la puerta es a los jefecitos.

Después del salario y los beneficios, el tipo y la calidad de líder es lo más valorado en todas las encuestas de clima laboral. La gente delinea un sueño al emplearse. Y renuncia al encontrarse con un (mal llamado) líder, que en verdad es un dirigente que solo sabe mandar. Por eso, en la Brigada AT nos gusta pensar en la idea del líder como una oferta de valor hacia el equipo.

¿Qué busca la gente en un producto o servicio? Dos cosas: que le solucione un problema o que le alivie un dolor.

Imagínate una góndola donde elegir a tu líder ideal. Si jugamos con esta idea, ¿por qué habría que elegirte a ti? ¿Qué tienes para ofrecerle a tu equipo? ¿Cuáles son tus conocimientos, tus habilidades, tus características de personalidad, tus actitudes destacadas?

Vamos a pensarlo así. Hace algunos años, habitó el Planeta Tierra un gran autor y maestro que se llamó Stephen Covey. Él nos legó, entre otras cosas, los hábitos que hacen a las personas altamente efectivas. Este autor planteaba el desafío a sus lectores de cómo querían ser recordados en su entierro. Stephen era norteamericano, y en este país tienen rituales mortuorios donde honran a su ser querido con anécdotas y recuerdos que comparten en sus discursos mientras degustan pequeños banquetes donde los chistes y las lágrimas conviven con total naturalidad.

En algunos países de Latinoamérica, imaginar el momento de nuestro velatorio y entierro nos sumerge en mucha tristeza. Así que, si bien a Turmalina le encanta ponerse agria, a Juan y a mí se nos ocurrió que podemos pensar en reemplazar la escena de esta manera: en lugar del discurso de tu entierro, te propongo que pienses en un asado al que acuden personas que no se conocen porque son amigos de amigos. Imagínate que buscan un tema de conversación y acaban hablando de ti, que no estás presente porque el trabajo suele ser *trending topic*. Preguntas como "¿a qué te dedicas?", "¿cómo es tu trabajo?", "¿qué tal tu jefe?" pueden perfectamente aparecer en esta hipotética conversación rompehielos. Ahí es donde te tienes que situar: entre mordisco y mordisco, con una copa de vino en la mano. ¿Te visualizaste? Bien, ahora imagina qué te gustaría que dijeran de ti las personas que trabajan en tu equipo y te tienen como líder. Chan.

¿Qué oferta de valor eres para tu equipo?
¿Por qué trabajar donde tú ESTÁS A CARGO les suma a sus objetivos?
¿Qué tipo de clima de trabajo te gusta generar?
¿Cuáles son los valores que quieres que destaquen a tu área?
¿Cómo quieres que te recuerden?

Aduana: proceso migratorio

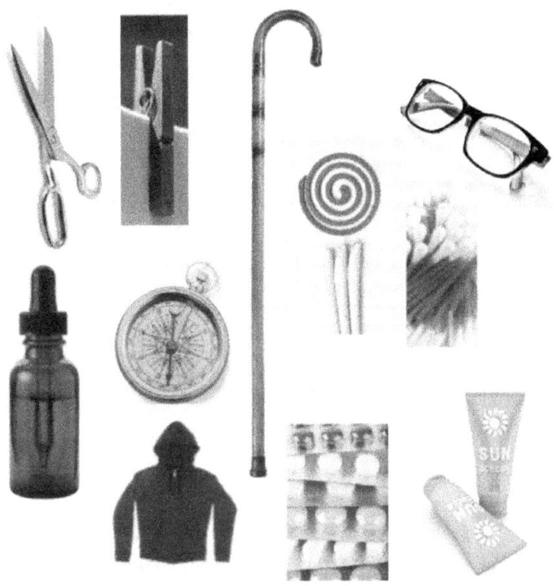

Ahora es momento de pasar por la Aduana antes de embarcar. Hay ciertos elementos que todos los aprendices de líder que participan del *challenge* ESTÁS A CARGO deben llevar consigo:

- ✓ Lentes: los usarás para poder distinguir más claramente y dejar de reaccionar "en transparente".

- ✓ Tijera: te servirá para cortar con los prejuicios y reaprender.

- ✓ Gotero con 100 ml de Elixir de la Valentía: para tomar la iniciativa.

✓ Brújula: para mantener la dirección hacia tu norte.

✓ Repelente para ideas negativas: tales como "no voy a poder", "no sirvo", "es difícil".

✓ Protector solar: para evitar los daños de la sobreexposición al Poder.

✓ Bastón: para detenerte a pensar apoyado sobre tus propios pies.

✓ Campera: para abrigarte en los tiempos fríos.

Ahora te pido que avances, tomes una de las bandejas apiladas, te saques los zapatos, el reloj y el cinturón. Vas a colocar en ella tu celular, el equipaje de mano y demás pertenencias. Déjalas, y, por favor, pasa a través del *scan* para identificar cuáles son estos dolores y cargas que llevas sobre tus hombros.

Tu F.O.D.A

Este término lo tomamos del marketing de productos. Es un análisis que sirve para definir las características de los productos y servicios y analizar su viabilidad. Nos permitirá escanear tus fortalezas y debilidades, así como las oportunidades y amenazas que el negocio y el contexto le plantean a tu posición dentro de la compañía.

Para ello, nos basaremos en la definición de la OIT (Organización Internacional del Trabajo) para el concepto de competencia laboral: es el conjunto de conocimientos, habilidades y actitudes que una persona pone en juego para desempeñar su trabajo.

SCAN F.O.D.A
¿Cuáles son tus fortalezas? (los vientos que impulsan a tu barca hacia delante)
¿Cuáles son tus debilidades? (las anclas que detienen a tu barca o la hacen más lenta en su andar, aquí puedes incluir características de personalidad y actitudes)
¿Cuáles son las oportunidades que el actual contexto le presenta a tu posición?
¿Cuáles son las amenazas que el actual contexto le presenta a tu posición?

¿Y para qué escanear tu F.O.D.A?

El primer requisito que debes cumplir cuando ESTÁS A CARGO es conocerte. Apalancando en tus fortalezas tendrás en cuenta tus debilidades para poder anticipar complicaciones en la relación con las personas. El *challenge* ESTÁS A CARGO te desafiará, al igual que lo hará el cambiante mundo en el que te desempeñas.

Te propongo que tengas presente este F.O.D.A para desarrollar las acciones que te permitan transformar estas debilidades actuales en áreas de mejora con acciones claras y concretas. Si lo haces, podrás neutralizar las amenazas que atentan contra el aprovechamiento de las oportunidades que tu área, tu posición y tu profesión te demandan hoy en términos de eficiencia y de innovación.

Zona de embarque

Ahora sí, estás en condiciones de embarcar en este *challenge*. Te pido que leas las señales y sigas la línea que te acerca a la zona de embarque.

El viaje al liderazgo implica dejar de comportarte como un contribuyente individual, un colaborador, un empleado, alguien que hace el trabajo y ya. Así contribuías antes. Todo lo que has conseguido ha sido en base a tus competencias (que ya las definimos como los conocimientos técnicos, las habilidades y las actitudes). En el pasado, tu éxito se basó en esos tres pilares y en tu fuerza de voluntad, que te ha hecho creer que querer era poder. Por ejemplo, si por algún motivo no podías terminar un trabajo, seguramente lo compensarías quedándote despierto hasta las dos de la mañana.

Ahora que ESTÁS A CARGO, ya no podrás manejarte así, y tampoco sería prudente que lo hicieras. Nadie puede pedirle a un integrante del equipo a la madrugada que haga algo que olvidó pedirle con anterioridad. En cambio, deberás desarrollar un proceso de trabajo y algunos hábitos que incluyen la planificación, la anticipación, la delegación y el seguimiento frecuente, y también la estimación de los tiempos en los que las personas de tu equipo pueden ejecutar los trabajos. Para que todo esto fluya en tu agenda, deberá haber espacio para que esas conversaciones tengan lugar, permitiendo que sea más lo que escuches e indagues que lo que hables. También deberías buscar hacer acuerdos.

Una vez que ESTÁS A CARGO, tu vida laboral habrá hecho un gran cambio: alcanzarás tus objetivos si y solo si eres capaz de coordinar el trabajo de tu equipo. Vas a necesitar entonces crear las condiciones en las que tus colaboradores se sientan seguros para hacer el trabajo, estimularlos y también decirles que no algunas veces. Como imaginarás, necesitarás estar cerca de ellos emocionalmente, conocerlos y generar la confianza suficiente para ofrecerte a ellos como una oferta de valor. Es decir que a partir de ahora tu éxito depende de que tu equipo pueda, sepa y quiera hacer el trabajo que antes hacías tú, y que, como lo hacías tan bien, fuiste promovido y ahora ESTÁS A CARGO.

CAPÍTULO 3

El Castillo Caracol

Este es el punto de partida del *challenge* ESTÁS A CARGO y donde tiene lugar el primer trabajo. Desde este momento, quien te hablará y guiará tus pasos será Agatha.

Una vez que desciendas del helicóptero que te trasladó desde el aeropuerto hasta aquí, la Brigada AT te estará esperando para darte la bienvenida a la Isla Caracol. Desde el helipuerto divisarás la empalizada de este castillo mágico que tiene ya mil años y que solo es visible para quienes están en proceso de transformación de su liderazgo. Se conserva en excelente estado, ¡con sus fantasmas y todo! Sus potentes muros defensivos, su puente levadizo y su foso lleno de cocodrilos protegen a la propiedad de cualquier ataque exterior.

Dirígete con paso firme hacia el puente, donde verás la fachada este del castillo con sus ventanas alargadas. Llegarás a esta antigua construcción mágica con forma de caracol. Este castillo se encuentra dentro de un valle delimitado por una imponente cadena montañosa de picos nevados. Su forma de caracol representa la evolución ascendente del liderazgo. Además, este animal es símbolo del movimiento lento pero determinado, siguiendo una dirección.

Deberás decir tu nombre en voz alta y se bajarán los rastrillos, las pesadas rejas de hierro que dan acceso a los participantes. Tras ingresar, serás conducido por Turmalina a la Sala Capitular.

Punto de encuentro

Percibo tu emoción teñida de una cuota entendible de ansiedad. Antes de empezar, te pido que le entregues a Turmalina tu teléfono celular. Quedará a resguardo en esta caja cerrada. Te será devuelto cuando termines el desafío.

Mientras dure la aventura, este dispositivo móvil que te estoy entregando será nuestro único medio de comunicación. A través del mismo recibirás mensajes conforme avances en los 12 trabajos. También te informará respecto de los créditos que vayas ganando.

Asimismo, te entrego este mapa, y con él va la primera reflexión. Este mapa no es el territorio que representa. Este concepto que desarrolla la PNL (Programación NeuroLingüística) proviene de Alfred Korzybski, un filósofo y científico polaco-estadounidense, y es la primera verdad que necesitas abrazar para volverte un buen comunicador. Todas las personas tienen distintos mapas del mundo. Lo que resulta importante es que distingas esto en tus conversaciones diarias, para que no des por sentado que tu verdad es "la" verdad. No todos tenemos las mismas percepciones y el hecho de no tenerlo presente es fuente de malos entendidos cuando necesitamos coordinar acciones juntos.

Así que ya sabes, la próxima vez que te encuentres hablando de tu mapa (tu particular forma de percibir las cosas) no le des el valor de verdad, sino de un recorte de tu realidad que no es común para las demás personas.

Cultiva el hábito de incorporar estas palabras mágicas que te mantendrán atento y te permitirán mostrarte receptivo al mapa de los demás. Estas son: "para mí", "esto es excelente, para mí", "aquello es horrible, para mí".

Los premios

A través de este dispositivo, también te haremos saber cuál es el puntaje que acumulas como premio por la realización de los trabajos. En este punto es importante señalar que el desafío de convertirte en líder requiere desarrollar algunos atributos que también están simbolizados en el caracol.

¿Por qué el castillo tiene forma de caracol? El simbolismo de este animal te hace saber que cualquier ritmo es un buen ritmo. En otras palabras, que lo que puede parecer eterno es solo un pequeño momento de tiempo. Te invita a confiar en tu proceso y a permanecer presente y seguir adelante aunque los avances parezcan lentos. El caracol simboliza además la transformación y la expansión, ya que conforme crece, también crece su caparazón. Del mismo modo que tú te expandes mientras más recursos aprendes y los llevas a cuestas.

La relación del caracol con el espiral es más que evidente. La forma helicoidal es una metáfora de la permanencia del ser a través de los cambios. Y en el camino de volverte líder, experimentarás cambios en distintos niveles neurológicos.

Si logras superar los desafíos y pasar los niveles de complejidad de cada uno de los 12 trabajos, recibirás snail coins como reconocimiento a tus aprendizajes. Conforme te mantengas en la dirección, irás haciéndote rico.

El desafío es dejar atrás la figura del jefe-que-todo-lo-sabe para convertirte en un líder al servicio de tu equipo.

Los atributos que esperamos que incorpores son los representados por el caracol: DIRECCIÓN - AVANCE LENTO – EVOLUCIÓN.

- ✓ Snail coins de **plata**: cuando aprendes herramientas que mejoran tu desempeño como líder (comportamientos)
- ✓ Snail coins de **oro**: cuando te transformas (creencias – valores - ser) en una oferta de valor para tu equipo.

Los cambios de un líder

Algunos líderes hacen cambios de corrección que ocurren en el plano de los comportamientos y el medio ambiente donde operan. Se relacionan con la acción o la reacción.

Dejas o empiezas a hacer algo que antes no hacías y esto impacta en tu entorno.

Hay otros cambios que son generativos y se producen en el nivel de las creencias y los valores, así como también en el plano de las habilidades o los conocimientos. Puede tener que ver con darte el permiso de decir algo que antes no te atrevías o tomar una decisión sin consultarlo con otra persona. Los cambios generativos también ocurren en las motivaciones.

Y finalmente, están los cambios evolutivos, los que ocurren en el plano de la identidad y el nivel más espiritual. En general, están vinculados con el propósito o el para qué. Suelen tener un gran efecto en nuestras vidas y ser generados por experiencias significativas con un grado importante de emocionalidad.

Por otro lado, los cambios en los niveles superiores, como la identidad y la espiritualidad, pueden provocar transformaciones en todos los demás niveles, porque el individuo, con una nueva y mayor visión de sí mismo y del universo, puede resignificar ambientes y cambiar comportamientos.

La mazmorra

La vida en los castillos no suele ser demasiado confortable. Son lugares oscuros y demasiado fríos. Además, no hay electricidad y por las noches la única luz la generan las antorchas. Como no hay agua potable, también son lugares donde se producen epidemias. Pero, fundamentalmente, los castillos suelen estar habitados por fantasmas.

Por eso, el siguiente reto del Castillo del Caracol es el de enfrentarte con tus fantasmas y pasar la noche dialogando con el que más te asusta.

Turmalina te acompañará a las mazmorras, celdas ubicadas en los sótanos donde se encerraba a los enemigos condenados por las tropas del castillo. Allí es donde deberás pasar la noche. Busca en tu mochila la campera que empacaste para el *challenge* y prepárate para confrontar a tu fantasma más feroz.

Toma lapicera o lápiz y contesta:

¿Cuáles son las cosas que más te asustan de ser líder? Tus escenas temidas.

____

____

____

____

¿Qué pensamientos tuyos alimentan a este fantasma?

____

____

____

____

Ejemplos:

- ✓ La gente es...
- ✓ En las empresas...
- ✓ Nadie cree...
- ✓ Todo el mundo piensa que...

✓ Es difícil que hoy...
✓ En este país...

¿Cuáles serían los pensamientos contrarios?

✓ Yo puedo ser...
✓ Yo quiero hacer...
✓ No todo el mundo...
✓ Independientemente de donde estamos, creo...

¿Qué recursos puedes desarrollar para dejar a este fantasma encerrado en la mazmorra solo?

____

____

____

____

Suena el beeper

Y lees: te has ganado 100 *snail-coins* de oro por haber enfrentado a tus fantasmas. ¡Excelente!

Moderar las expectativas

Una de los fantasmas que más desvelan a los líderes es la expectativa de ser amado y aceptado por la gente con la que trabajan. Por eso, construyen su autoridad con algunos rasgos complacientes que suelen traerles más dolores de cabeza que soluciones.

Para derrotar a este fantasma tan atemorizante que te quita potencia cuando ESTÁS A CARGO, necesitas incorporar la ley del tercio. Esta te ayudará a moderar tus expectativas y a mantenerte sano como líder. Porque no todos los empleados a tu cargo te van a amar. Ni siquiera a querer.

La ley del tercio sostiene lo siguiente. Al 33% de la gente le gustará como eres, aprobará tu estilo, tus decisiones y tu singular manera de llevar adelante el rol de líder. Te seguirá porque les agradas y sienten afinidad por ti. Otro 33% de la gente sentirá por ti todo lo contrario. Hagas lo que hagas, no te comprarán ni serás figurita de su preferencia. Serás para ellos casi un mal necesario, como el refrán que dice el que "sabe, sabe, y el que no, es jefe". Y aquí viene lo interesante para moderar tus expectativas: hay un restante 33% de la gente a la que le serás indiferente. Te tratarán como su jefe y punto. Ni fans ni detractores: tibios.

Si te enfocas tanto en el primero como en el segundo tercio, puedes perder el foco y caer en comportamientos reactivos, donde tomes decisiones para agradarles y que te acepten. Esto pone a algunos líderes en situaciones de hacer concesiones no legítimas y de buscar la aprobación permanente de la gente. Si bien cuando ESTÁS A CARGO buscas crear las condiciones para que la gente sea feliz en el trabajo, no es tu condición sine qua non que te quieran.

En el tercer grupo, sin embargo, se abren grandes posibilidades. Tu compromiso de evolucionar puede influir en ellos para que encuentren valor en ti como alguien que no solo les garantiza la tranquilidad necesaria para trabajar seguros, sino que también los ayuda a desarrollarse y a crecer descubriendo un bienestar en el ámbito del trabajo que no tuvieron antes. Aún no saben cuan afortunados son de que tú ESTÁS A CARGO, y eso es lo que les demostrarás siendo impecable con tus palabras y manteniéndote congruente con las acciones que acompañen esos dichos. La ley del tercio te mantendrá dentro de tu círculo de influencia, donde solo tú puedes transformar la experiencia de tu equipo de un modo extraordinario.

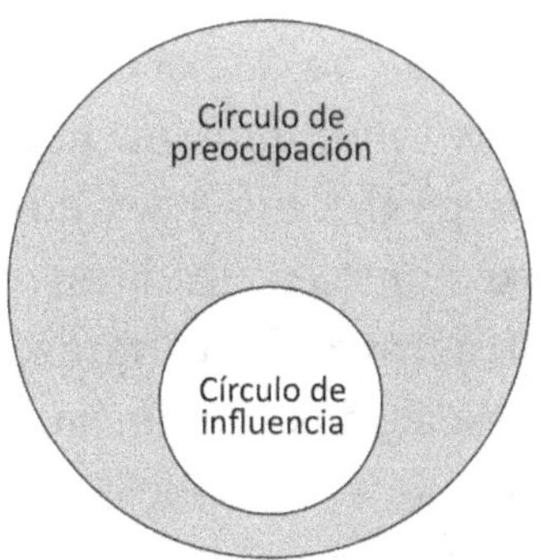

 ¡Primera parte del desafío superado!
¡Felicitaciones por haber descendido a las mazmorras y enfrentado tu miedo! También revisaste el dolor que te produce la necesidad de ser amado por todos. Así entendiste que la moderación de expectativas te hará más efectivo como

líder. Has hecho un excelente trabajo. Has ganado 100 *snail-coins* de oro por eso.

Trazar el horizonte

Ahora vamos a la siguiente parte. Deberás subir los escalones que te conducen a la atalaya del Castillo del Caracol. Es una torre de observación elevada desde donde se vigila todo el terreno. Deberás llegar al mirador orientado al oeste antes del ocaso. Antes de que el sol se ponga a lo lejos sobre la línea de amarillos ocres y naranjas que separa al cielo de la tierra, deberás completar esta segunda parte del desafío: tu declaración de propósito.

Manos a la obra, ¡que no hay tiempo! Busca en tu mochila la linterna: la necesitarás, ya que el camino que te conduce al atalaya es angosto y totalmente oscuro. Conforme subes los 365 escalones de piedra que te conducirán al torreón, deberás mantener tu mente enfocada en el concepto de evolución representado a través del caparazón de un caracol.

Notarás que los escalones son desiguales, así que debes tener cuidado de las caídas. El espacio es estrecho y tu cuerpo cabe justo. Pero conforme te elevas ascendentemente, habrá más espacio. Presta atención al ritmo del ascenso en el sentido de las agujas del reloj, para que puedas conservar la energía de la marcha. Mientras lo haces, profundizo sobre el maravilloso simbolismo del caparazón del caracol: a medida que el caracol crece, también lo hace su caparazón de carbonato de calcio. Este crece de manera aditiva, agregando nuevo material que el caracol produce. De igual manera, mientras más te conozcas y agregues habilidades y nuevas formas de vivenciar el fenómeno del liderazgo, más crecerás.

Te propongo que pienses cuántos de los desafíos del liderazgo (ser claro, obtener la cooperación, generar confianza, escuchar comprometidamente, negociar) aplican también a otros roles de tu vida más allá del ámbito del trabajo. Muchas veces la evolución nos permite hacer saltos cuánticos, donde el contexto nos vuelve a plantear problemas viejos o dificultades parecidas una y otra vez. Pero los podemos abordar desde otra posición, con menos necesidad de control y resistencia, para dejarnos atravesar por ellos desde la aceptación. Así el aprendizaje es transformacional.

Una vez que llegues al mirador, te estará esperando Juan, el colibrí, a quien le encanta acompañar a los aprendices en el próximo trabajo. Te propongo que junto a la compañía de este colibrí tan positivo descanses y te tomes unos minutos para mirar hacia la línea del horizonte. Toma unas respiraciones profundas y escucha lo que Juan te contará al oído.

Hace años, habitó el planeta Tierra un gran escritor y periodista que se llamó Eduardo Galeano. A él se le atribuye una frase que en verdad es del cineasta y actor Fernando Birri, a quien Galeano cita en uno de sus libros. Y en ella explica el concepto de utopía. Más precisamente, se pregunta para qué sirve la utopía, si es que sirve para algo. Galeano dice: "fíjate que la utopía está en el horizonte y entonces es algo que, por definición, no vas a alcanzar. Si caminas 10 pasos, la utopía se aleja 10 pasos. Y si caminas 20 pasos, la utopía se alejará 20 pasos. Así que tú sabes que no la vas a alcanzar nunca. Entonces, ¿para qué sirve? Para eso, para ponerte a caminar".

Tu visión de futuro

Cuando hablamos de qué oferta de valor eres para tu equipo, también estamos hablando de cuestiones que resultan utópicas, donde abundan deseos y aspiraciones que pueden aparecer como demasiado ideales. Pero no las desestimes, ya que conforman tu visión de futuro. Esos atributos que buscas desarrollar te pondrán a caminar. Así, buscando dentro tuyo, construirás los recursos que te permitirán acercarte a tu ideal como líder.

Así que ahora, parado aquí en este hermoso mirador, te reto a que mires al horizonte y reescribas tu historia. Y que para eso declares:

Yo deseo ser un líder... (continúa por favor la descripción)

____

____

____

____

Y me comprometo aquí, en el Torreón del Castillo del Caracol, a brindarles a todos los equipos a los que lidere a lo largo de mi carrera...

____

____

____

____

Quiero servirles como...

____

____

____

Quiero enseñarles que....

____

____

____

Y veamos qué necesitas para lograrlo.
¿Para cuándo lo quieres?

____

____

____

____

¿Cómo te darás cuenta de que lo lograste?

____

____

____

____

¿Cuáles son los primeros objetivos que necesitas hacer realidad?

____

____

____

____

¿Qué necesitas para empezar?

____

____

____

____

¡Bravo! Por haber declarado y escrito cuál es la mejor versión de ti mismo hacia la cual caminas, has ganado 100 *snail-coins* más, y estas también son de oro.

Bajar del mirador puede no ser tan fácil. Pero, ¿sabes qué es lo bueno de participar de un *challenge* con seres mágicos como yo? ¡Que podemos bajar volando! Si tomas mi mano, aprendiz, volaremos juntos sobre el foso que protege el Castillo del Caracol. En caso de que tengas vértigo, no mires para abajo, y si eres alérgico a los cocodrilos, ¡menos aún!

Del otro lado de esa empalizada encontrarás la segunda parte del trabajo #1 del *challenge* ESTÁS A CARGO.

Prefieres perderte la empalizada y cierras los ojos. Los cocodrilos te dan muuuucho miedo.

El encuadre de trabajo

Ahora resta que determines cuáles son los principios y las normas que precisas para trabajar en consonancia con tu reciente declaración. Para ello, te voy a proponer que dibujes tu encuadre de trabajo. Es decir, cuáles son las normas que necesitas que se cumplan en tu equipo de trabajo y cuáles son los principios que quieres que abracen los miembros para crear las condiciones que les permitan alcanzar los objetivos.

Como líder, eres tú quien, al tener claro su encuadre, puede transmitirlo a los demás. Cómo quieres que se juegue en tu cancha. Cuáles son los límites. Toma, aquí tienes el *snail spray* que te servirá para la señalización y el marcaje. Se trata de una pintura acrílica cuyo envase fue creado para poder utilizarse de forma invertida. Mientras que los aerosoles convencionales solo disparan la pintura cuando se mantienen en posición vertical con la válvula hacia arriba, este spray funciona de forma opuesta. Así, este *snail spray* te permitirá hacer una señalización sobre el suelo. Como es un spray mágico, te alcanzará eficientemente para todo el marcaje hasta que el contenido que tú determines se haya delimitado por completo. El predio que circunda el Castillo del Caracol es extenso, por lo cual necesita límites. Dentro de estas líneas (principios) vas a proponer a tu equipo jugar, y para ello vas a tener que determinar ciertas normas.

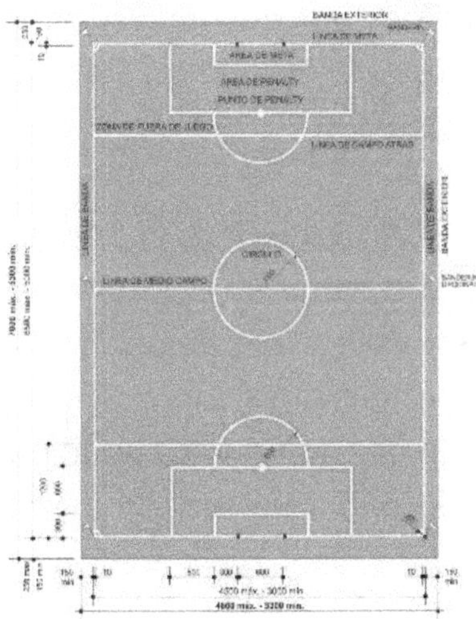

La construcción del encuadre implica describir las condiciones que te habilitan la posibilidad de ejercer el liderazgo dentro de un marco determinado.

Por ejemplo:

- Definición de "lo normal", que se transforma en el criterio a seguir.
- Generar las condiciones organizacionales que estructuran y habilitan el trabajo.
- Definición de la forma de mirar, clasificar y tipificar el trabajo.

Establecer un encuadre de trabajo delimita la cancha donde jugarán todos. A partir de allí, sabremos cuáles son los límites y criterios para moverse. Esto permite volver sin ambigüedades al marco de trabajo cada vez que uno de los colaboradores se vaya de este encuadre.

¿Cuáles son las normas que necesitas generar para que tu equipo funcione?

Algunos ejemplos:

- ✓ Objetivo común: es el equipo el que hace los goles. Buscamos conformar un equipo y no convertirnos en la mejor defensa o tener delanteros impresionantes.
- ✓ Compromiso: nos preocupamos cuando algo no sale bien, cuando hay un error o cuando no hay respuesta en algo que se pidió. Hacemos *follow up* o seguimiento

de los temas pendientes hasta que estén terminados, porque forma parte de nuestro compromiso.

✓ Disposición: si hay un problema en el área y se nos pide como equipo una tarea distinta a la planificada, nos mostramos dispuestos.

✓ Manejo de los conflictos: primero debemos preguntar qué sucedió. Partiremos de la creencia de la buena fe en el comportamiento del otro. Si el conflicto fuera con otra área, es mejor contarlo antes de hablar con esa persona.

✓ Cómo quieres que se vivan los errores: todos nos podemos equivocar. No juzgamos ni exponemos a quien lo hace. Es importante dar aviso del error para poder corregirlo y que todo el equipo aprenda de él.

Compartir el encuadre

Para validar el encuadre, es conveniente realizar una o varias reuniones de equipo. Al hacerlo, generas mayor compromiso para su cumplimiento.

Es importante que para estas sesiones tengas en cuenta el grado de madurez del equipo. Es decir, si más del 80% es nuevo, es mejor realizar una reunión para informar el encuadre de trabajo y cuáles son las consecuencias por no cumplirlo. Pero si la mayoría de los miembros del equipo tiene experiencia y antigüedad, lo ideal será construir el encuadre de trabajo de modo conjunto.

Y tú, lector, ¿cómo es tu encuadre?

Completa el siguiente cuadro:

¿Qué necesitamos para que el listado de normas que construimos funcione?
¿Qué pedidos tienes que hacer como líder y a quién?
¿Qué puedes ofrecer como líder para que el encuadre funcione?
¿Cuáles deberían ser las consecuencias del no cumplimiento?

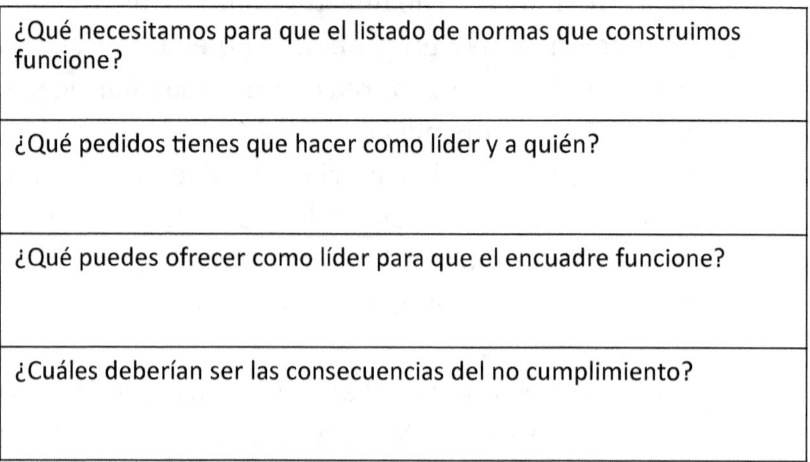

¡Maravilloso! Tu trabajo en el Castillo del Caracol ha terminado. Marcaste la cancha y determinaste cómo quieres que se juegue. Has sumado 100 *snail coins*.

CAPÍTULO 4

Trekking a La Caverna

El segundo desafío pone a prueba tu destreza física y coraje para enfrentar al monstruo que habita en La Caverna. Cuenta la leyenda que ataca a los líderes arrojándoles unos polvos misteriosos que los deja adormecidos de dolor. Tu misión será arrebatarle esa arma química y descubrir su identidad.

No te voy a mentir, nadie que haya intentado entrar a La Caverna ha podido describir su rostro, ya que suele ocultarlo detrás de una capa hecha con andrajos. Y el olor pestilente que emana de su boca hace que la mayoría de los líderes se den por vencidos y aborten la operación.

Deberás demostrar tu valentía para enfrentar su aspecto nauseabundo y develar su identidad. Si logras tu cometido, podrás pasar a la segunda parte. Del otro lado de La Caverna te espera una canoa para que hagas una remada nocturna hacia el Faro, donde recogerás un tesoro. Ahí habrás terminado el desafío.

El *trekking* de un día completo comienza con una escalada a La Caverna. Una vez que prepares tus cuñas y soportes serás solo tú, la montaña y el cielo. En esta parte de la travesía habitarás la soledad y aprenderás a confiar en tus propios medios.

Está planificado que te quedes solo con lo esencial: el agua para hidratarte y alimentos livianos como frutos secos y dátiles. Lo ideal es que concentres tu energía en mantener un ritmo parejo.

No bien despunta el sol, te dirigirás al noreste bordeando la ruta. Presta atención al paisaje, que será un gran incentivo. El cordón de montañas en esta época del año cuenta con flores, y la brisa hace que te sientas confiado y sin miedo para avanzar.

Turmalina: ¡Qué flores ni qué flores! Estate alerta y mantén la vista fija en tu rumbo.

Este bello paisaje montañoso te pondrá en contacto contigo mismo, con tus objetivos y con el misterio de La Caverna. Quien sea que habite allí deberá encontrarte en un estado mental de posibilidad. ¿Será un ogro gruñón? ¿Un dragón que intentará quemarte? ¿Un reptil gigante que te envuelva hasta estrangularte?

Estas preguntas crecen dentro tuyo y sientes una mezcla de miedo y de adrenalina. Te detienes a juntar fuerzas para la última escalada. Si logras sortear el cansancio y la soledad de la caminata, entenderás porqué decimos que esta situación se asemeja a tu realidad como líder.

La soledad del liderazgo

Pensémoslo de esta manera: ¿a quién le cuentas tus dudas? ¿Confías en tu líder para transmitirle tus inseguridades?

Turmalina: ¡Obvio que no, Agatha! ¿Quién haría semejante cosa? ¿Quieres que su líder sospeche que nuestro lector no es capaz de estar a cargo?

Juan: Lamentablemente, por creencias como estas es que hay mucha soledad en el liderazgo.

Todo líder, a veces, duda. El día a día trae situaciones desafiantes. Es necesario aprender a manejar la presión y no transmitirla directamente al equipo, porque eso podría dañar tu autoridad. Pero no hace falta caminar tan solo.

Como sabes, me dedico a acompañar a líderes en su camino de desarrollo, y quiero decirte que tienes una bandada a la cual unirte: la de tus pares. Necesitas acercarte y tener contacto con el resto de los líderes de tu organización. Crear una red que venza el afán de competencia y el ego que te inclina a pensar que ser vulnerable es mostrarte débil. Ustedes, los seres humanos, se sienten muy únicos, pero debo decirte que hasta en sus padecimientos se parecen. Esos líderes de equipo pasan por situaciones similares a las tuyas. Y es posible que, al abrazar esa identidad colectiva, encuentres en ese "nosotros" buenas prácticas que te beneficien tanto a ti como a tu equipo. Además, tú, en tanto líder, eres modelo y molde para que tu equipo también aprenda a trabajar con las otras áreas.

Justo en el instante en el que te das cuenta de que quizás ya no sea necesario estar tan solo en el ejercicio de tu liderazgo, el sol se pone sobre el horizonte y divisas, a lo lejos, la entrada a La Caverna. Llegó el momento. Debes encontrar la forma de enfrentar al monstruo. Preparas las piedras que recogiste en el camino, el cuchillo que metiste en tu mochila y repasas mentalmente las tomas de artes marciales que alguna vez aprendiste. Alrededor prima el silencio y sientes el latido de tu corazón que se acelera. ¡Quién te habrá mandado a aceptar este *challenge* ESTÁS A CARGO! ¡Si estabas tan cómodo...!

Juan: Resiste a esos pensamientos negativos. Quien sea que habite allí se encontrará contigo: un digno rival.

Turmalina: Bueno, a decir verdad, yo le encuentro un poco de razón, eh.

Aquí, solo y a punto de entrar a La Caverna oscura y enfrentarte con quién-sabe-qué-monstruosidad, apuras el paso y aprietas tus dedos con nerviosismo. Recoges la antorcha que alumbra La Caverna y decides entrar. Divisas a dos metros su vestimenta andrajosa y su rostro cubierto. La luz de la antorcha que prendiste flamea y es tu única garantía de desenmascarar la identidad del monstruo.

Una vez adentro, empiezas a mirar muy atentamente cada esquina para ver si encuentras algún elemento que te sirva como arma y que sea útil para pelear contra lo que sea que habite ahí. Ves algo negro que se mueve en el techo de la cueva y te acercas cautelosamente. De repente, esa cosa negra abre bruscamente sus alas y muestra sus grandes y filosos colmillos... ¡es un murciélago! Este no duda ni un segundo en volar hacia tu cara; por unos breves segundos no puedes ver nada. Tratas de quitártelo, y, en el forcejeo, te hace perder el control de tu cuerpo y caes. Sientes un dolor indescriptible en tu brazo derecho.

Instantáneamente haces fuerza para tratar de respirar y te das cuenta de que tu lastimadura no la produjo ese murciélago, sino que, al caer, te quemaste el antebrazo. Y cuando te preguntas qué pudo haberte causado esa quemadura, piensas en la antorcha. La empiezas a buscar, pero, muy desafortunadamente para ti, la encuentras rota en el piso y totalmente apagada. El dolor de la caída más la frustración, más la gran quemadura que tienes en tu brazo, te causan un sentimiento de ira, y gritas.

De repente, escuchas el eco de unas pisadas que retumban en tu oído. Nunca vas a poder olvidar cómo suenan las siguientes palabras: ¿QUIEEEÉN ANDA AHIIIIÍ? ¡¿QUIEN SE ATREEEEVE A ENTRAR EN MI CUEVAAA?!

En ese momento, tu cuerpo empieza a temblar. Tienes mucho miedo, pero recuerdas que un líder valiente no es un líder sin miedo. Un líder valiente es un líder que tiene miedo y avanza de todos modos. Así que te sientes motivado a levantarte y continuar tu desafío. Sientes que no existe nada ni nadie que pueda detenerte. Sacas tu cuchillo y gritas "¡¡¡NO SÉ QUIÉN ERES, PE-PE-PE-RO PERO NO TE TENGO MIEDO!!! NADA. NI UN POQUITO". Saltas directo hacia el monstruo que habita en esa cueva y lo apuñalas.

Pero, para tu sorpresa, el monstruo se empieza a reír y dice "¿EN SERIO CREÍSTE QUE CON ESE PEQUEÑO CUCHILLITO ME HARÍAS DAÑO?". Y levanta toscamente su brazo derecho y te golpea muy fuerte en el estómago, dejándote malherido.

Ya no puedes siquiera incorporarte. El monstruo aprovecha y se acerca hacia ti. Logra ver la lastimadura que tienes en tu brazo derecho. Saca un frasquito de sales de su bolsillo y las echa en tu piel enrojecida, encegueciéndote de dolor.

Preso de la rabia, te levantas como puedes, y, con todas tus fuerzas, corres. Dando un pequeño brinco, lo embistes por la espalda. Ambos forcejean y caen. Desenvainas el cuchillo y se lo apuntas forzándolo a que muestre su identidad. MONSTRUO ESPANTOSO, NO TE TEMO, DESCUBRE TU ROSTRO Y MUÉSTRAME QUIÉN ERES, COBARDEEEE.

Lo que ves te deja perplejo, confundido, avergonzado. No entiendes nada. Al voltear, el monstruo se desvanece, y lo que cae al piso envuelto en sus andrajos y retumba metálicamente dentro la caverna es un artefacto que refleja tus propios ojos. Te acercas al espejo y comienzas a llorar.

Felicitaciones. Al final, el monstruoso eras tú mismo, aprendiz. No te sientas mal. Has superado con éxito el desafío. Sé que te sientes extraño. Este es un descubrimiento muy desconcertante.

El monstruo que tanto atemoriza a los líderes es ELO: EL OTRO. Ese otro que tanto te complica. Ese otro que actúa distinto a tus expectativas. Ese otro que no hace lo que tú le pides. Ese otro que te saca de quicio. Ese otro es un desafío para ti.

ELO es EL OTRO. Y no es un monstruo; tú le otorgas poder. ELO es un espejo, y, de a ratos, te muestra cosas tuyas que aún no has aceptado. La forma de vencer a ELO es reconocer este mecanismo para dejar de darle poder. El otro es un misterio. El autoconocimiento será clave para tu desarrollo como líder.

A partir de ahora, basta de balar como una oveja, querido lector, eh. Nada de ELO *meee* hace enojar, ELO *meee* provoca llegando tarde. ELO *meee* hace repetirle mil veces las mismas cosas... El otro otrea (hace lo que hace) y eres tú el que reacciona.

ELO te atemoriza porque no lo comprendes. Pero no es necesario que comprendas a ELO. Solo que lo aceptes como otro distinto a ti y que le hagas conocer el encuadre (las condiciones que tú entiendes necesarias para que el equipo alcance los resultados). ELO te provoca frustración porque no cumple con las proyecciones que depositaste en él. Y, a veces, con sus dichos y comportamientos arroja sal y hace arder heridas que son tuyas y que aún no sanaron. Cuidar tus heridas del accionar de ELO también es una actitud cuando ESTÁS A CARGO. Por eso, la primera competencia del liderazgo es el autoconocimiento.

Necesitas a todos los ELOS

La diversidad es la clave para que los equipos se conviertan en usinas de ideas innovadoras. Por eso, el respeto por la singularidad de cada integrante es el encuadre necesario para construir una dinámica estimulante.

Juan: Todos los ELOS ofrecen su particular energía y aportan a la construcción del equipo.

- ELOS generadores: gustan de iniciar proyectos, decidir, correr riesgos y convencen a las partes para comenzar. Los desafíos, lejos de amedrentarlos, les activan el comportamiento. Su motor de generación resulta esencial para salir de las etapas de meseta en la que suelen caer los equipos después de un cierto tiempo. Estos ELOS ven los proyectos como un bosque: una imagen general inspiradora y sin mucho detalle. Su foco en la ejecución es bajo.
- ELOS consolidadores: son ideales para dar forma a los proyectos y advertir acerca de todo lo que puede salir mal. Aquí la aversión al riesgo es alta. Justamente por eso, analizan mucho todo, trazan escenarios y determinan los puntos de control necesarios para consolidar las iniciativas. Prestan atención al detalle y entienden que los procesos son necesarios para mantener los proyectos a través del tiempo y medir su alcance. Se sienten útiles y necesarios generando rutinas y formando a la gente nueva.

- ELOS distribuidores: la energía de estos ELOS es centrífuga, por eso son excelentes conectores con las demás áreas. Consiguen, manejan y distribuyen la información actuando como puentes de unión, y suelen encontrar nexos entre la gente. Destacan por sus habilidades sociales y son percibidos como confiables por equipos muy diversos.

Para pensar

Piensa en un ELO con quien te resulta difícil relacionarte en el ámbito del trabajo. ¿Cuáles son las cosas que más te molestan?

____

____

____

____

¿Qué pensamientos tuyos alimentan la resistencia que tienes frente a este ELO?

____

____

____

____

¿Estás aceptándolo como un legítimo ELO con derecho a OTREAR (acción que refiere al hacer del otro) o quieres cambiarlo?

____

____

____

Si este ELO está en tu ámbito de influencia ¿has podido generar una conversación donde le cuentes cómo te sientes cuando hace lo que hace?

____

____

____

____

Suena tu beeper y lees el mensaje:

¡Felicitaciones! Tu trabajo en La Caverna de ELO ha terminado. Has desarrollado el coraje para enfrentar a ELO y darte cuenta de que él no es un monstruo feroz. Te has hecho acreedor de 100 *snail coins* de oro.

El otro es el otro y otrea. No es necesario que entiendas a ELO. Solo debes aceptarlo como un legítimo otro y comunicarte asertivamente con él. El otro te hace solo lo que tú le permites que te haga. La intensidad de tu rechazo hacia ELO habla más de tus dificultades que las de él. El otro es portador de una sal que esparce sobre tus heridas a partir de sus dichos y acciones. Dado que ESTÁS A CARGO, procurarás conocer tus heridas (inseguridades, malas experiencias) y reinterpretarlas.

Ahora apuras el paso, la segunda parte del desafío te espera.

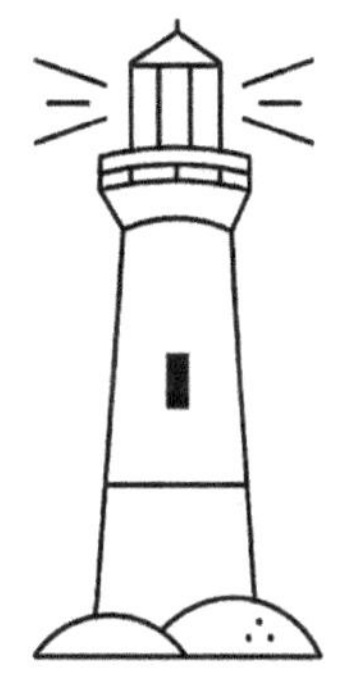

CAPÍTULO 5

El Faro de la Confianza

Es una noche sin luna, el mar se encuentra agitado y negro como el carbón, y tú remas con todas tus fuerzas. De pronto, observas una luz a unos 50 metros: es el faro hacia el cual te diriges para terminar el segundo desafío. Un faro es una torre de señalización luminosa situada en el continente o en el litoral marítimo como referencia o aviso costero para los navegantes.

Imagina que estás al timón de un barco, regresando de una larga travesía. La costa debe hallarse cerca, y, si tus cálculos son exactos, el puerto al que has de conducir el barco está enfrente tuyo, tras la profunda oscuridad. Pero imagina que no es así, que los vientos o las corrientes te han desviado de tu ruta, o has cometido un error al maniobrar. En tal caso, el barco, en vez de dirigirse al puerto, acabará naufragando en una escollera desierta, impactará contra las rocas o llegará a un punto desconocido. Miras fijamente en la oscuridad buscando algo que te guíe, que te dé la seguridad de llegar a casa sano y salvo. Por un momento, te parece ver una luz, un breve y débil relampagueo. Este relampagueo se repite a los pocos segundos y es cada vez más visible: ya no cabe duda, es un faro. Bajo su luz está el puerto al que debes llegar o te avisa del peligro que has de procurar evitar.

El liderazgo también tiene un faro, y es la confianza. Las organizaciones son equipos de personas que conversan para coordinar acciones. La calidad de esas conversaciones y de los vínculos que construyan está directamente relacionada con la confianza que se tengan.

Los faros tienen forma de torre, normalmente ancha en la base y más estrecha en la parte alta. Las paredes son de un gran espesor, lo que las prepara para ser golpeadas a menudo por las olas. En lo alto del faro se encuentra la linterna, una bombilla enorme que envía los rayos luminosos a decenas de kilómetros.

La confianza es un juicio. No es un hecho ni algo observable, sino una historia que las personas nos contamos. Vamos por la vida juzgando a los demás, y de esos juicios es de lo que hablamos cuando hablamos de confianza. Ahora bien, no es lo mismo la falta de confianza que la desconfianza. Cuando los equipos tienen falta de confianza, es porque no se conocen. No hay puntos de contacto. A más puntos de contacto, más posibilidad de desarrollar la confianza. Como líder, lo que necesitas es facilitar momentos de contacto para que te conozcan y se conozcan entre ellos. Por eso, las actividades de integración son estratégicas.

Juan: No se puede confiar en lo que no se conoce.

Turmalina: Ojo que, a veces, justamente se desconfía porque se conoce bieeen.

La mesa de la confianza

La distancia desde donde puede verse la luz de un faro depende de diversos factores. En primer lugar, de la potencia de la lámpara, la cual influye en el alcance de su luz. Las partes más altas, por tanto, se ven primero y desde más lejos. Esto es lo que ocurre con la luz de los faros: a más altura, mayor visión desde la lejanía.

En la parte inferior o base del faro se halla la vivienda del vigía. Aunque los faros cada vez más tienden a ser automáticos y no requieren presencia de un farero, la vida de este encargado, que ha inspirado a tantos novelistas, es fascinante pero no cómoda ni tranquila, al menos en lo que respecta a los faros levantados a la orilla del mar.

Como líder, serás como ese farero velando porque la luz de la confianza alumbre siempre, desde lo alto, las interacciones de los integrantes del equipo. Y a pesar de lo que dicen algunos refranes, si la confianza se rompe se puede reparar.

EL JUICIO DE LA CONFIANZA

INVOLUCRAMIENTO

Actitud de jugarse al
100% con profundo
compromiso.

CONFIABILIDAD

Capacidad de
cumplir promesas
(pasado)

COMPETENCIA

Habilidad y
recursos para
actuar eficazmente
en un dominio de
acción (futuro)

SINCERIDAD

Grado de
coherencia
entre el pensar y
el decir. Imagen
pública y privada
(presente)

La confianza es sólida y firme como una mesa de cuatro patas. Estable, siempre y cuando sus patas estén bien apoyadas sobre la superficie. Estas son:

- La confiabilidad: está vinculada con el pasado. Es la capacidad que has demostrado de hacer y cumplir tus promesas. Si haces una promesa y no la cumples, dejarás de ser confiable para la gente, especialmente para quien tenga este estándar muy alto. Ya sea que esa promesa fuera algo simple como enviar un correo tal día a tal hora o que se tratara de algo más importante como mantener en el tiempo los espacios de las reuniones de equipo. Trabajar con gente en la que no se confía es como navegar en el medio de la noche más cerrada y sin luna. Triste y desolador.

- La sinceridad: está vinculada con el momento presente. Como líder, te juegas la confianza de la gente cuando dices cosas en las cuales no crees. También es cierto que, justamente por tu rol de líder, puede que manejes información confidencial y que no tengas posibilidad de decir siempre todo lo que sabes. Tampoco es necesario que lo hagas. Eso sería más bien cometer sincericidio. Pero sí es esencial que solo digas aquello en lo que crees y sientes. Eso hará que la luz del Faro de la Confianza alumbre con potencia a tu embarcación y a los navegantes con los que interactúas.
- La competencia: la tercera pata tiene que ver con juzgar a alguien competente o no para el ejercicio de su rol. ¿Cuán confiable eres en tu dominio de acción? ¿Te formas permanentemente? ¿Procuras ser un modelo en la búsqueda de excelencia a través de la capacitación o te conformas con lo que aprendiste en la universidad hace varios años? Siempre que apuntes a la mejora continua, fortalecerás los haces de luz del Faro de la Confianza.
- El compromiso: esta pata de la mesa es tan importante que hay muchas personas que la priorizan, incluso antes que a la competencia.

Turmalina: Tengo un nuevo refrán: compromiso mata competencia.

Siempre que te muestres comprometido con las necesidades de tu gente y en sus intereses y siempre que procures que tus navegantes sepan que cuentan con tu apoyo frente a adversidades, confiarán más en ti.

Ahora te pido que subas las escaleras y busques dentro del cubículo de la torre central del faro una caja envuelta en un papel brillante. Ábrela y saca lo que hemos guardado en su interior: una linterna.

Recuerda siempre que la confianza es el único elemento fijo en el medio del mar. Como el faro, la confianza guía a los integrantes del equipo en las travesías más difíciles, incluso en la noche más profunda.

En altamar no controlarás el viento, no podrás prever con precisión cómo será el tamaño de las olas ni las corrientes marinas, tampoco tendrás injerencia sobre los movimientos de las demás embarcaciones. Pero siempre que los integrantes se tengan confianza, contarán con sus compañeros. Y ese es el único elemento fijo y bajo su control en el medio de la tormenta más brava.

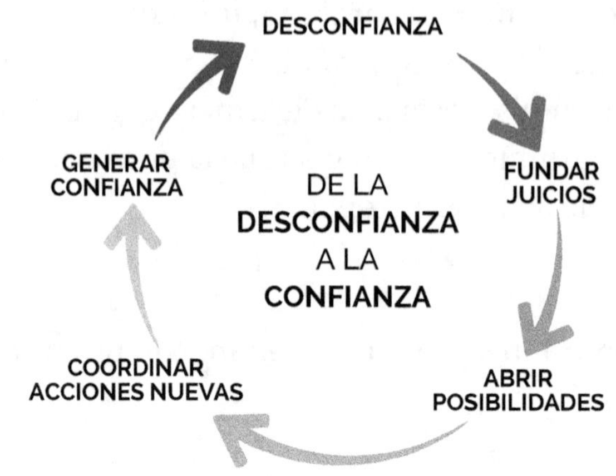

Tu confianzómetro

Ahora que has entendido que la confianza es lo que hace posible la construcción de valor en las relaciones de trabajo, te propongo que hagas un diagnóstico del estado de tus relaciones laborales en términos de la confianza.

¿Cuánto confías en los miembros de tu equipo? ¿Sientes que son sinceros, competentes, cumplen lo que prometen, están comprometidos? ¿Cómo sería el diagnóstico con tu líder directo? ¿Qué tal tus pares: los otros líderes en la organizaciones? Y en especial tus clientes internos.

El armado del propio confianzómetro te permitirá saber dónde necesitas encarar conversaciones para reconstruir (aquellos donde hayas elegido el color rojo) o mejorar (aquellos donde hayas elegido del color amarillo) tus relaciones de confianza.

CONFIANZOMETRO

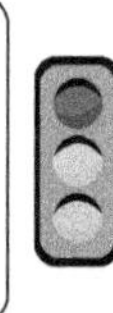

A lo largo de los siguientes desafíos, obtendrás herramientas que te ayudarán a mantener conversaciones respecto a cómo reconstruir o fortalecer la confianza allí donde hayas puesto luces rojas o amarillas.

Suena tu dispositivo y lees el mensaje:

Tu trabajo en el Faro de la Confianza ha terminado. Te has ganado 100 *snail-coins* de oro por comprometerte a trabajar en el mejora de tus relaciones de confianza.

La confianza de ti hacia el equipo y del equipo hacia ti es el único elemento fijo y bajo control en el medio de las tormentas más peligrosas. Siempre se puede componer la confianza rota. Solo debes entender cuál de las cuatro patas de la mesa es la que se aflojó, y repararla con la persona involucrada en la relación.

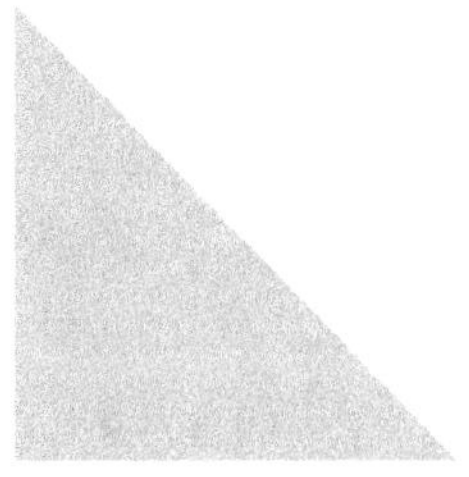

El Triángulo de las Dudas

Las emociones forman parte del mundo interior de las personas. Cómo líder, puedes generar mucha confianza si aprendes a decir a la gente cómo te sientes cuando hace lo que hace. Además, pedir *feedback* genera un lazo afiliativo con tu equipo. La gestión emocional es función del liderazgo; es importante que puedas generar espacios individuales donde incluir el ámbito de las emociones. Una vía de comunicación empática demuestra tu compromiso con el bienestar de tus equipos. Crear una cultura *emotion-friendly* estimula y te permite gestionar los estados de ánimo.

Es importante que, como líder, puedas detectar si los equipos están cayendo en estados de ánimo de resignación o de resentimiento y puedas conducirlos hacia otros de aceptación y posibilidad. Recuerda que las emociones son como los bostezos: se contagian. Y que tú, como líder, debes fortalecer la comunicación frente a los estados que cierran posibilidades.

Ayer recogiste la linterna en el Faro de la Confianza. ¡Felicitaciones!

Ahora, es tiempo de abandonar la isla y continuar viaje hacia un pueblo habitado por personas muy particulares. Ellas serán las encargadas de compartir contigo un secreto que resultará fundamental en el desarrollo de tu liderazgo. Los felices ciudadanos de Error Town son humanos evolucionados y te enseñarán a mirar la vida desde otra óptica, así como a repensar la forma en la que encaras el futuro.

Seguro te intriga saber qué hace a los habitantes de Error Town tan especiales, pero ahora no puedes pensar en eso.

Así que apuras el paso y subes a la embarcación. Arrancas el motor y planificas la maniobra teniendo en cuenta el viento. Largas las amarras para emprender el viaje. Deberás navegar toda la noche en esta barca, que es precaria pero segura.

Embarcarse en mar abierto no es sencillo para ningún líder, y mucho menos atravesar el Triángulo de las Dudas, que, según dicen, les quita a los líderes los deseos de liderar y los llena de confusión.

Justamente por la intensidad emocional de este desafío, la brigada insistió ayer en que debías dormir una noche entera. No habías descansado nada desde que bajaste del avión en el Palacio del Caracol y decidiste empezar el *challenge* ESTÁS A CARGO. Tenían razón: el sueño te resultó reparador.

Ahora, arrastras con fuerza las pesadas sogas y las redes, que te dijeron que serán importantes cuando te enfrentes a los cantos de las sirenas. Chequeas que los instrumentos de navegación estén funcionando bien. Volteas y le echas un vistazo por última vez al Faro de la Confianza. Al recordar lo que aprendiste, te das ánimo a ti mismo: "tengo-recursos, tengo-recursos, tengo-recursos", repites en tu mente. Sientes que podrás superar este desafío, aunque aparenta ser el más difícil.

Escuchas el ruido del motor mientras diriges el timón hacia el norte y dejas atrás el muelle.

Deberás llegar antes del amanecer al cruce del Océano del Compromiso. Una vez allí, con el motor apagado, remarás ardua y muy lentamente hasta que logres cruzar el Triángulo de las Dudas. Deberás ser muy cuidadoso, porque tu vida estará en peligro en esta área geográfica con forma de triángulo escaleno situada entre la isla del Faro de la Confianza, Error Town y la Ciudadela de la Comunicación. Este es el peligrosísimo Triángulo de las Dudas, conformado por el miedo, la exigencia y el enojo. Mal gestionadas, cada una de estas emociones puede transformarte en un monstruo para tu equipo. Debes luchar por mantener tu estado de conciencia y no dejarte vencer por el seductor y peligroso canto de las sirenas.

Cuando estas emociones te asaltan, te quitan la conciencia, la capacidad de registrar, y te vuelven reactivo. Si el canto de estas sirenas malvadas logra seducirte, te ahogas en un mundo emocional desbordado, pudiendo llegar a manifestar estados agresivos. Por eso, el Triángulo de las Dudas pone a prueba tu capacidad de aprender a gestionar estas emociones de mejor modo.

Ya llevas más de una hora y media de navegación constante. El sol empieza a caer sobre el horizonte y te sientes abrumado por la belleza del Océano del Compromiso. Todo fluye en armonía cuando tienes en claro tu compromiso. Por eso, para poder seguir navegando debes enfrentarte a las sirenas.

Turmalina: Ya es hora de apagar el motor y usar los remos.

Cae la noche y obedeces la instrucción de Turmalina. Avanzas lenta y cautelosamente por el brazo que se desprende del Océano del Compromiso.

Todo alrededor se torna confuso. Sientes ganas de llorar. Aparece la primera sirena. Es azul oscura y muy temblorosa. Cuando se acerca a tu embarcación, escuchas tu voz interior decir cosas como "no voy a poder", "es muy difícil", "no soy capaz", "se van a burlar de mí", "mejor huyo", "no estoy listo".

Te sientes paralizado y disminuido. Quieres huir. Te dan ganas de arrojarte de la embarcación.

Juan: Resiste. Sujétate fuerte a la soga. No dejes que la sirena del miedo te confunda.

¿Qué es una emoción? Una respuesta de tu cuerpo a un evento real o imaginario que requiere de regulación por tu parte. La emoción es producida por tus pensamientos. Tú, como ser humano, eres un ser interpretativo. Permanentemente estás produciendo sentido a partir de lo que percibes. Esa interpretación que haces del evento real o imaginario dispara una reacción química que se manifiesta en tu cuerpo. A eso llamamos emoción. Las emociones te traen información.

La Sirena del Miedo

Con el cuerpo casi paralizado y la respiración cortada, sueltas los remos. Temes hundirte. Solo ves sombras espesas que se abalanzan sobre ti. ¿Qué son estas amenazas? ¿Será un ogro? ¿Un oso peludo? ¿O un monstruo acuático? Un único pensamiento te invade: no tienes con qué hacer frente a semejantes monstruos. No hay escapatoria. Mejor permanecer paralizado, así te mimetizas con el ambiente.. No, no, no. Mejor sería huir. Sí, saltar del bote. Luchar no es una posibilidad, ya que ¡eres tan débil!

La Sirena del Miedo te trae un mensaje: hay un desequilibrio. Mejor dicho, tú entiendes (interpretas) que hay un desbalance entre la amenaza que enfrentas (el ogro, el oso peludo o el monstruo acuático) y los recursos que tienes para defenderte. El canto de esta sirena te avisa que hay algo externo (real o imaginario) que te amenaza, y que no tienes suficientes recursos.

Por eso, hace muchos años esparcí en el planeta Tierra ese refrán que dice que el miedo no es sonso. Lo hice para que se amiguen con él y busquen el mensaje. Pero no tuve éxito, ya que muchos de ustedes, especialmente los líderes, producen emociones en cadena: sienten miedo, les da vergüenza y luego se enojan consigo mismos por ser miedosos. Todo producto de una creencia errada: que tener miedo es ser débil.

Te agarras fuerte a la soga y decides luchar contra el embrujo de la Sirena del Miedo. Repites la frase "tengo-recursos, tengo-recursos, tengo-recursos".

El primer paso frente al miedo es decodificar cuál es ese supuesto desbalance. Y luego, buscar dentro tuyo los recursos para hacerle frente. Recursos que quizás tengas o que puedes pedir prestados.

Ejemplo: te produce pánico hacer una presentación al jefe de tu jefe, que viene al país desde la casa matriz. ¿Qué mensaje te trae ese miedo oratorio? Que interpretas que existe un desbalance entre la amenaza (tener que dar una presentación a una persona que tiene mucho poder en la organización y que además habla en inglés) y que, frente a semejante amenaza (que en este caso no es un ogro, ni un oso peludo ni un monstruo acuático sino una situación que interpretas igual de peligrosa y horripilante) el jefe de tu jefe puede "devorarte". No se trata de tener razón o no. No funciona así. Si hay una interpretación de falta de recursos frente a una amenaza real o imaginaria, sentirás miedo. Y es que algo dentro tuyo te avisa que no estás preparado o que no eres buen orador.

Entonces:

Miedo: trae un mensaje que avisa de un desbalance.
Amenaza: presentación en inglés al jefe de tu jefe.
Interpretación: tengo pocos recursos, me considero un mal orador, tengo un pobre nivel de inglés.

Como consecuencia de tu interpretación: sientes miedo. La amenaza es mayor que los recursos.

¿Cómo vences el canto hipnotizante de la Sirena del Miedo? Existen dos posibilidades:

a. accionas sobre la interpretación para desafiar esas creencias
b. creas recursos nuevos

En el ejemplo de la presentación en inglés al jefe de tu jefe, podrías gestionar el miedo tomando dos caminos:

Consultarle a otras personas que en el pasado hayan dado presentaciones al jefe de tu jefe y puedan contarte cómo se maneja, si suele hacer preguntas, si pide más detalles, etc.

Prepararte con un *coach* en oratoria. Pulir el discurso cuidando la acentuación para que tu inglés sea fluido, grabarte, corregirte, practicar. Pensar FAQ (preguntas frecuentes) y tener las respuestas.

De esta manera, estarás accionando a partir del miedo. Usando la información que el miedo te trae para hacer algo útil.

Y tú lector, ¿cómo te manejas frente al canto de la Sirena del Miedo?

Quiero que busques dentro tuyo una situación que te produzca miedo. Y que te preguntes: ¿siento que no tengo recursos para enfrentar esta amenaza?

SÍ	NO

Y ahora completa:

¿En qué hechos observables estoy fundamentando este juicio?

____

____

____

____

¿Qué recursos necesitaría para enfrentar esta amenaza y salir bien parado?

____

____

____

____

¿Dónde los puedo obtener?

____

____

____

____

¿Alguien puede ayudarme prestándome alguno de esos recursos?

____

____

____

____

¿El equipo sentirá también miedo? ¿Podré ayudar al equipo si comparto con ellos este miedo? ¿Y si buscamos juntos los recursos para enfrentar esta amenaza?

____

____

____

____

Decides sujetarte a la soga que te ata al timón de la embarcación. Sientes que podrás resistir el miedo y que pasarás la prueba. Sabes que tienes recursos. Cuentas con la compañía de Agatha, Juan, Turmalina, y de tu capacidad de pedir ayuda.

Así aprendiste que el miedo es un gran aliado. Y que, si lo escuchas, preserva tu gestión y te permite hacer ajustes en la toma de decisiones y prever acciones antes de tener que lamentarte.

Vibra tu beeper y lees: ¡FELICITACIONES! Has ganado 100 *snail coins* de oro por haber resistido el canto de la Sirena del Miedo e ir a buscar o a desarrollar recursos.

La Sirena del Enojo

Ahora entendiste cómo es el mecanismo de las sirenas. Y cuán difícil es resistir su seductora voz que te confunde.

Decides retomar la remada en un ritmo constante y lento, mientras avanzas en tu barca por el Triángulo de las Dudas. La temperatura aumenta y vas sintiendo mucho ardor en las mejillas y sudor en las manos. Dentro de tu mente escuchas frases como "¿qué haces, eres tonto?", "¡esto es una porquería!", "¡ahora me van a tener que escuchar!", "¡odio este trabajo!", "¡los odio a todos ustedes!", "¡me dan ganas de romper todo!".

La Sirena del Enojo se presenta vestida de rojo y dando gritos de furia. Recuerdas que cada una de las tres emociones del Triángulo de las Dudas se manifiesta con una sirena que busca convencerte de que pierdas la conciencia y te arrojes a las aguas emocionales, de las cuales difícilmente puedas salir.

El enojo surge ante situaciones que te generan frustración o que interpretas como injustas. El enojo te conecta con lo que no estás dispuesto a aceptar en tu vida. Te prepara para el ataque o la huida. El enojo mal gestionado destruye las relaciones del líder con sus pares, jefes y el equipo a su cargo. Te hace perder la objetividad y te lleva a personalizar las situaciones. La mayoría de las veces, te pone impulsivo y corres el riesgo de hacer o decir cosas de las cuales después te arrepientes. Sin conciencia, te olvidas de todo lo que vienes aprendiendo y caes en la victimización. Cuando eso sucede, no utilizas el lenguaje para decir lo que te pasa, cómo te sientes al respecto y qué necesitas, sino que hablas para dañar o castigar.

Cuando se dejan atrapar por el canto de la Sirena del Enojo, los líderes se ahogan en un mundo emocional de destrucción, y pueden caer en conversaciones donde cometen varios errores:

- Se meten con la identidad de la gente diciendo cosas como "eres un mal compañero" o "eres impuntual".

- Le atribuyen intenciones al comportamiento de los demás. "Estoy seguro de que esto lo hizo a propósito para llamar la atención", "lo hizo porque sabía que esto ocurriría".
- Igualan los comportamientos con el ser. Dicen "es un irresponsable" en lugar de decir "lo que hizo fue irresponsable".

Esta sirena te recuerda que cuando el enojo ataca el ejercicio de tu liderazgo, debes indagar las capas más profundas. A veces, el enojo esconde dentro suyo a la pena o a la vergüenza. El enojo, al igual que la emoción anterior, trae información.

Hagamos una prueba, piensa en la última vez que te hayas enojado mucho en el ejercicio de tu rol de líder. Y pregúntate:

¿Cuál fue el pensamiento o la interpretación que te disparó el enojo?

____

____

____

¿Qué veías cuando sentiste esa emoción?

____

____

____

¿Qué escuchaste cuando sentiste esa emoción?

____

____

¿En qué parte del cuerpo sentiste el enojo?

____

____

____

____

¿Cómo reaccionaste ante esa emoción? (Lo que hiciste/ lo que no hiciste) (Lo que dijiste/ lo que no dijiste)

____

____

____

____

¿Qué eventos /situaciones gatillaron en ti esa emoción?

____

____

____

____

El registro de las emociones en tu cuerpo también te permite anticipar la reacción y poder elegir retirarte o poner un *stop*.

Ustedes, los seres humanos, no saben enojarse. De todas las emociones, esta es la que tiene más presencia en el cuerpo físico, ya que el enojo produce una sobrecarga en el sistema que hay que entender y gestionar. Por eso, cuando te enojes no debes intentar calmarte con técnicas relajantes. En cambio, puedes caminar enérgicamente, bailar, subir y bajar escaleras, saltar a la soga. Es decir, actividades de descarga. Solo después de vaciar el exceso de energía acumulada que dejó el enojo te recomiendo que abordes a la persona con la que te enojaste y entables una conversación.

Si lo haces con la sobrecarga en el cuerpo, lo único que lograrás será un vómito mental, una catarata de frases para castigar a la persona. Sobre este enojo, el maestro argentino Norberto Ley, ser humano que habita el planeta Tierra y la llena de sabiduría con sus enseñanzas, sostiene en su libro *La sabiduría de las emociones* que es el enojo que destruye, en tanto existe otro que repara.

Piensas ahora en cuántas relaciones has dañado por no haber tenido estas distinciones para gestionar los enojos. Seguramente te gustaría contar con herramientas para poder reparar los vínculos con aquellas personas a las que heriste. Lo paradójico es que, aún si tienes razón en lo que dices, si adoptas un modo incorrecto para manifestar tu enojo, arruinarás las cosas. Te conviene aprender a enojarte bien para que tu mensaje sea escuchado.

CONSEJOS PARA ENOJARTE BIEN:

Una vez que reconozcas que algo apretó el gatillo de tu enojo:

- Corta la llamada telefónica.
- Excúsate y deja la reunión.
- Pide tiempo para responder.
- Di que no puedes contestar ahora.
- Advierte que te estás sintiendo enojado.

- Realiza una caminata enérgica, salta a la soga o sube las escaleras hasta que sientas que te liberas de la sobrecarga energética que te generó el enojo.

Vibra tu beeper y lees: ¡FELICITACIONES! Has resistido el canto furioso de la Sirena del Enojo. Es importante que detectes cuáles son los elementos gatilladores: pensamientos o creencias que desatan en ti esa emoción. Tomá 100 snails coins de oro por haber superado este desafío.

La Sirena de la Exigencia

Retomas la navegación. Pero la barca se encalla, y por el fuerte ruido que hace la proa, entiendes que quizás algo anda mal. Este pensamiento te sorprende, porque creías haber aumentado tu autoconfianza, pero de pronto te sientes presionado a dar respuestas. Sientes incertidumbre y no sabes qué hacer. Revisas el *beeper* para ver si tienes algún mensaje nuevo. Nada.

De pronto, escuchas dentro de tu mente una voz tenebrosa que dice "algo hiciste mal", "eres un tonto", "lo arruinaste todo", "debes hacer más", "no es suficiente", "esto no alcanza", "¿cómo puede ser que te equivoques otra vez?", "deberías haberlo previsto", "no estás a la altura".

La voz espectral que te confunde pertenece a la Sirena de la Exigencia, que habita sola en este sector del Triángulo de las Dudas porque, por supuesto, nadie satisface sus expectativas jamás. El hechizo de su canto convence a los líderes de que nada es suficiente, y solo ve lo que falta. Te hace perder la perspectiva; te vuelve un líder poco empático y te quita la capacidad de concentrarte en el proceso y en lo que sí depende de ti.

Apenas sales de la barca, apoyas tu pie derecho en un montículo de tierra resbaladiza y empujas con todas tus fuerzas la proa, pero no logras desencallarla. Te sientes cada vez más frustrado, pero los cantos de la Sirena Exigente no paran de resonar: "no te esfuerzas", "no cuidaste la barca lo suficiente", "te quedarás fuera del desafío", "lo arruinas todo", "ahora ya es tarde", "ya no puedes hacer nada", "tendrías que haber pensado antes de encallar la barca".

Norberto Levy dice que la exigencia tiene dos partes: el aspecto exigente y el aspecto exigido. El aspecto exigente es un ignorante. Y el aspecto exigido está sometido por el primero. Lo que el aspecto exigente ignora es lo que le pasa al aspecto exigido, porque nunca lo consulta. Y, en parte, no lo sabe porque no le importa. Se concentra solo en la meta, lo que quiere o lo que tiene que hacer. Pero el aspecto exigido sabe, y su conocimiento viene de la experiencia, ya que es él quien ejecuta la meta. Por eso debe ser consultado por el aspecto exigente antes de aceptarla. El aspecto exigente, dice Levy, es un jinete que descuida a su caballo, representado en la figura del fiel animal que ejecuta lo que el humano decide.

Te sientes muy confundido, y es entendible. Las personas exigentes se autoperciben como responsables y comprometidas con su trabajo. Se declaran con mucho orgullo como tales. Y es justamente por eso que esta emoción es tan peligrosa, ya que puede matar el talento de cualquier persona que la padece. Su accionar es lento, y ni siquiera se perciben los síntomas.

Ahora recuerdas la guía para nuevos navegantes que tuviste que leer para postularte a la aventura. Debes cambiar el punto de estabilidad de la barca. Trasladas todos los elementos, en especial las pesadas sogas y redes, hacia la popa, para que la proa se despegue de la orilla pantanosa donde encalló. Giras la rueda del timón hacia la derecha para acompasar la dirección que adopta la embarcación. ¡Ahora sí, a estribor! La gata Turmalina te ayuda a empujar, y Juan, el atento colibrí, acompaña con unas frases inspiracionales. Dos o tres empujones más y el barco se despega. Ahora giras a babor y hacia adelante visualizas cómo se abre la espesa vegetación, mientras crees distinguir tu próximo destino: estás seguro de que aquella orilla diminuta que se abre hacia el norte es Error Town.

Vibra tu beeper y lees: ¡Felicitaciones! Has superado el imprevisto y desoído la voz torturante de la Sirena Exigente. Es importante que frente a una meta puedas poner tus dos aspectos a hablar. Ambas partes: la consecución de la meta y los plazos deben contemplar el cuidado hacia ti mismo y hacia tus equipos. Y puedes sumar estas 100 snails coins de oro.

¿Por qué es importante que hayas resistido los cantos de las sirenas?

Resentimiento es el estado de ánimo en el que ustedes, los seres humanos, caen cuando se resisten a las cosas que no son capaces de cambiar. Buscan y declaran a otras personas, entornos o situaciones culpables por aquello que no alcanzan.

¿Cómo se sale del resentimiento? Primero, debes aprender a distinguirlo y a querer salir de él. El siguiente paso es la aceptación; porque al aceptar aquello que no puedes cambiar, vuelves a tener el control sobre tú mismo y tus acciones. Otra manera de dejarlo de lado es el perdón, una gran herramienta. Pero no te confundas, perdonar no implica validar sino aceptar lo ocurrido, liberarse de la carga y sentir paz.

Resignación es el estado de ánimo en el que los seres humanos caen cuando, a pesar de todas sus acciones, no son capaces de producir los cambios que quieren en su vida. Al vivir así, se sienten impotentes y víctimas de las circunstancias. Para convertirte en líder necesitas detectar este estado y transformarlo en aceptación y superación hacia dentro de los equipos.

¿Cómo lograr un estado de ánimo de aceptación? Cuando dices "acepto esto que no puedo cambiar", dejas en claro que tampoco validas eso que sucedió y entiendes que la gente actuó de la mejor forma que pudo en ese momento. ¿Cómo lograr un estado de ánimo de serena ambición? La serena ambición es de carácter generativo y te permite sentir que tienes recursos para generar los cambios que necesitas en tu vida. Este es el estado de ánimo que tú, como líder, puedes crear para lograr que las cosas pasen.

Te quedan pocas fuerzas pero te alienta entender que estos desafíos están ampliando tu conciencia. Solo deseas llegar a tierra firme, y Error Town será tu próxima parada.

CAPÍTULO 7

Errortown, el engaño de la perfección

La humanidad ha vivido equivocada. Las personas huyen del error como del mal aliento. Se avergüenzan y se insultan a sí mismas cuando cometen una falta, como si esa no fuese la forma más efectiva de aprender. Y cuando personas como tú llegan a estar a cargo, necesitan neutralizar esta tendencia y aprender a manejar el error de otra manera. No para ser buenas personas (aunque es muy altruista hacerlo por esa razón), sino porque impide a los equipos desarrollar su capacidad de aprender, y por ende de innovar.

Muchas cosas buenas ocurrieron en Planeta Tierra gracias al error. Hoy cuentan con penicilina gracias a que el Dr. Fleming se equivocó y dejó una placa de Petri con cultivo de bacterias al aire libre en el laboratorio, para volver y descubrir que estaba llena de hongos. Sintió curiosidad, miró con su microscopio y el resto es historia: millones de vidas salvadas gracias a ese error que fue el inicio de la era de los antibióticos.

La bebida más popular se descubrió gracias a que la asistente de John Pemberton, un farmacéutico estadounidense, le agregó agua carbonatada por error al brebaje compuesto que este desarrollaba para calmar los dolores de cabeza. Y así nació la Coca Cola.

El marcapasos también se creó gracias a una equivocación. En 1950, Wilson Greatbatch trabajaba en la construcción de un oscilador para grabar los sonidos del corazón. Por error, quitó una resistencia de una caja, y luego de armar todo el dispositivo incorrectamente y probarlo, notó que emitía un pulso eléctrico rítmico, el cual permitió la creación de este invento.

¿Uno más? Cristóbal Colón descubrió América como un desacierto, ya que creía que se dirigía a las Indias.

¿Por qué los hombres escapan del error? No solo por la cultura, sino también por el contexto, ya que crecieron en un paradigma que posibilitó esa creencia. El anterior mundo era predecible y lineal. A una causa le seguía una consecuencia. El actual es infinitamente más complejo, volátil e impredecible, y, como tal, la supervivencia requiere de una forma de pensar distinta, más ágil y que permita la innovación.

¡Bienvenido a Errortown!

Escuchas los aplausos mientras tu embarcación entra en el muelle. Una mujer de mirada brillante y sonrisa serena te extiende la mano. Te sorprende la calma que emana su rostro. Te presenta a dos jóvenes a quienes describe como el comité de recepción del pueblo, y agradece la llegada de otro aspirante a líder a su isla. Te pregunta si necesitas algo, mientras abre una sombrilla sobre tu cabeza para protegerte del sol del mediodía.

Te conducen por la playa hacia la casa, donde llegas fascinado por la exuberante vegetación tropical que enmarca el jardín. Hace calor. Te invitan a tomar asiento en unos sillones mullidos en la galería. Te ofrecen refresco de manzanas recién cosechadas.

Y la mujer comienza su relato. "Alguna vez, al igual que tú y que tantos otros aspirantes a líderes, decidimos emprender junto a la Brigada AT el *challenge* ESTÁS A CARGO". Al escuchar la palabra brigada, de pronto caes en la cuenta de que no sabes dónde quedaron Juan y Turmalina. Agatha te lee el pensamiento y dice que no te preocupes, que Turmalina y Juan están a salvo.

La mujer continúa. "Hace muchos años, tras terminar la certificación, decidimos radicarnos de modo permanente en Errortown y formar esta comunidad. La lección que aprendimos aquí puede transmitirse con más fuerza de seres humanos a seres humanos. No es lo mismo que la querida brigada AT lo enseñe. Ellos son seres mágicos. Tienen dones. Agatha, el de la lectura de la mente humana. Turmalina, el de nombrar lo que otros callan. Y Juan, bueno, ya te habrás dado cuenta de que Juan es un gran optimista que cree mucho en nosotros, los seres humanos. A nosotros Errortown nos cambió la vida. Por eso nos mudamos aquí y queremos ser quienes ayudemos a los aprendices a comprender por qué el error es una gran fuente de aprendizaje".

- Somos un grupo de ex exigentes- dice uno de los jóvenes del comité risueñamente.

Otro lo corrige:

-Mejor dicho, somos un grupo de exigentes en recuperación.

- Es que los exigentes no nos curamos así nomás.

La mujer continúa": "Las creencias son fuertes. Creemos que nuestros logros se los debemos a la exigencia, a la corrección, a la mano dura y a ideas por el estilo, que nos han enfermado mucho. Este *challenge* ESTÁS A CARGO nos permitió cambiar estas creencias por otras superadoras. Y por eso, día tras día, decidimos resistir nuestra tendencia perfeccionista para dejar de ser exigentes y volvernos excelentes". Te llama la atención nuevamente la dulzura con la que se refiere al pasado.

Exigente no es lo mismo que excelente

La diferencia la hace el tiempo. Como experimentaste en el Triángulo de las Dudas, la exigencia nos hace poner el foco en la meta de corto plazo y nada más. Así, los exigentes desoyen y mal cuidan a quien ejecuta esa meta. El exigente es cortoplacista y poco estratégico.

Volviendo a la metáfora del jinete y el caballo, puede que el caballo gane una carrera, pero necesitará mucho tiempo para recuperarse. Y si su dueño sigue haciéndolo correr y no le da el apropiado descanso, un día no se recuperará. En definitiva, hace un mal uso de la energía del caballo. Si tuviera la vista puesta en el largo plazo y tan solo le diera agua, comida y la reparación necesarias, el animal podría continuar respondiendo sin necesidad de un período prolongado de recuperación. Pero cuando el caballo no descansa y no es bien alimentado, se enferma.

La excelencia, en cambio, nos permite proyectarnos en el largo plazo, evolucionar y hacer las cosas un poco mejor cada día con una mirada sustentable.

La exigencia nos hace mucho daño, atentando contra la supervivencia, ya que es un obstáculo para el aprendizaje.

Aprender es el estado en el que las personas se encuentran próximas a adquirir algo que harán suyo. Este es el verdadero resultado final del aprendizaje: apropiarse del conocimiento, de la habilidad o de la actitud que aprendieron. El aprendizaje más significativo ocurre gracias a la experiencia. Y quien experimenta se equivoca, porque explora y hace aproximaciones que, si las sostiene en el tiempo, devienen en aprendizajes.

#malamia

La forma más efectiva de aprender es equivocarse y encontrarle un sentido al error. Allí es donde los líderes forman parte de este cambio de mentalidad. No es natural esperar que una persona que hace algo por primera vez lo haga bien. Tampoco es natural que las personas aspiren a la perfección, pero sí pueden volverse excelentes. Es decir, cada día mejores.

Escuchas un aleteo ligero cerca de tu oreja y te das vuelta para comprobar que Juan quiere agregar algo.

Juan: Una gran forma de avanzar hacia la excelencia es construir indicadores cuantitativos y cualitativos del desempeño grupal que le muestren a tu equipo su propia evolución. Estos indicadores pueden reflejar el progreso mes a mes, trimestre a trimestre o semestre a semestre.

Puedes llevar a tu equipo hacia la excelencia si le das al error la entidad que tiene: una fuente de aprendizaje a la que hay que dotar de sentido.

Turmalina: Esto es importante, no solo por el altruismo exagerado de Juan, sino porque si no lo haces, tus competidores lo harán, con el riesgo de dejarte fuera del juego. Si quieres que tu equipo innove, deja de huir del error. Más vale equivóquense rápido y aprendan.

El laberinto del error

¿Estas listo? Deberás atravesar el Laberinto del Error y llegar hasta el aeropuerto en el extremo septentrional de la isla, donde te estará esperando Agatha para volar a la Ciudadela de la Comunicación.

El comité de bienvenida de Errortown te sugiere, por experiencia propia, que uses repelente y un sombrero de ala para protegerte del sol, ya que caminarás a través del laberinto abriéndote paso hasta tanto encuentres el manzano sagrado. Si lo localizas, debes recoger una manzana antes de que caiga el sol y morderla para percibir su dulzura. Ahí terminarás la prueba.

Recorrer este laberinto te permitirá dejar de declararte exigente y considerar el error como parte natural de la vida.

Debes conservar las semillas de la manzana, ya que contienen el inicio de la capacidad de ser libres para aprender a aprender (y a desaprender). Así, te llevarás contigo esta competencia del futuro, también denominada *learnability*. Cuando vuelvas a tu hogar, la plantarás y cuidarás. En un entorno frágil que cambia todo el tiempo, quienes habiten en Planeta Tierra deberán aprender a usar tecnología, a automatizar procesos repetitivos que no agregan valor y a trabajar de maneras nuevas con un diseño centrado en el cliente, con entregas cortas y objetivos trimestrales. Estas semillas te ayudarán a ti y a tu equipo en este camino.

Ahora escuchas la voz de Agatha que dice: "Sin más demora, que el aspirante a líder desarrolle la capacidad de buscar sin desmayo, decepción o demasiado entusiasmo. Que se le exija perseverancia. Ha cumplido bien hasta ahora".

Lejos, en una región distante, crece el árbol sagrado, el árbol de la *learnability,* y en él crecen las manzanas más dulces que jamás hayas saboreado, capaces de alimentar a organizaciones enteras. La fama de estas frutas sobrepasa cualquier frontera, y quien las come se transforma en eterno aprendiz, desafiando cualquier entorno cambiante con una gran adaptación.

Te preguntas cuál será el camino para ir, encontrar el árbol sagrado y recoger las manzanas para conservar sus semillas. Pues el camino es largo. "Solo dos cosas te confiaré", dice la mujer de sonrisa serena, "y luego a ti te corresponderá probar la verdad de lo que digo. Recuerda que el árbol sagrado está bien custodiado protegiendo su fruto.

Vigila bien. La segunda cosa que te digo es que tu búsqueda te llevará a grandes pruebas. Cada una te dará el ámbito para la sabiduría, la comprensión, la habilidad y la oportunidad. Me parece, mi querido aspirante a líder, que no fracasarás en reconocer estos puntos sobre el camino. Pero solo el tiempo lo mostrará".

Avanzas entonces con confianza, porque pretendes el éxito y no el fracaso, seguro de ti mismo y tu conciencia. Pasas a través de un portal yendo en línea recta hacia el norte.

Andas por todo el terreno buscando el árbol sagrado, pero no lo encuentras. Les preguntas a todos los hombres que ves, pero ninguno te puede conducir a él. Nadie sabe. El tiempo pasa, pero buscas todavía de lugar en lugar, y vuelves muchas veces sobre tus pasos, triste y desanimado. Aparecen distintas personas que te ofrecen ayuda para buscar contigo. Pero las rechazas.

Beeper: Lo sentimos. No has pasado la prueba. El éxito está garantizado cuando puedes aceptar la ayuda. Aún tienes tiempo. Comienza de nuevo.

Apareces otra vez en la entrada al portal. Has perdido casi dos horas.

Reconoces que te cuesta aceptar la idea de recibir ayuda. Has aprendido a ocultar tu vulnerabilidad y a manejarte solo. Quieres demostrar que eres un buen líder, pero decides tomar el mensaje.

Avanzas decidido por el primer tramo del laberinto, haciendo caso omiso a la joven mujer campesina que se te acerca. Esta vez no te ofrece, sino que te pide ayuda, casi con lágrimas en los ojos. ¿Qué hacer? El tiempo avanza y no puedes distraerte de tu prioridad. Debes apurar el paso y aguzar el oído. Solo encuentras ligustrina y el camino cerrado. No puede ser. ¡Estás caminando en círculos! Temes el fracaso, ya que el sol empieza a caer, o al menos eso sientes. Tomas agua de tu cantimplora.

Sabes que no debes perder tiempo, pero la mujer solloza, y la observas tan perdida que quieres acercarte. Vences tus ganas de concentrarte en la meta. Recuerdas la lección de la Sirena de la Exigencia y te acercas a la campesina. Le preguntas qué le sucede, y ella señala el suelo, donde miles de habas se han caído de su canasta. Te agachas y la ayudas a levantar todas las habas que están esparcidas. Ella se menosprecia repetidamente. Dice que es muy torpe, que nunca logrará su cometido, que cada prueba es diferente pero que ella ha fracasado cada vez. Está pensando en abandonar. Es muy tonta, dice entre sollozos. La consuelas y le dices que no sea tan dura consigo, que todavía no pudo lograrlo pero estás seguro de que la próxima vez tendrá más cuidado.

Ella sonríe por primera vez. Guiña un ojo y dice: "Es verdad, tienes razón.

TODAVÍA no aprendí cómo hacerlo bien". Apenas pronuncia la palabra TODAVÍA, detrás de ella la ligustrina se abre y divisas un portal. "Ve por el sendero", la doncella te alienta a seguir.

Beeper: ¡Felicitaciones! Avanzas al segundo nivel. El éxito está garantizado cuando el líder alienta los procesos de aprendizaje. Dar y recibir ayuda son acciones del liderazgo. El liderazgo es, ante todo, servicio.

Miras al cielo y calculas que te quedan unas tres horas de tiempo para encontrar el manzano. Sigues avanzando por los pasillos del laberinto, y ves a un hombre robusto agachado. Su apariencia rústica y los gruñidos que hace te dan temor. Pero debes pasar por donde está. Sostiene una pila de grandes bolsas con granos sobre su espalda. Doblado de dolor, se queja. Le tiemblan las piernas y está a punto de desmayarse. Lo incitas para que deje de sostener la carga, pero dice que eso es imposible, que si él no la lleva, el laberinto se cerrará para siempre y quedarán todos encerrados. Esa es su prueba. Te da mucha rabia volver a demorarte, pero temes que el hombre desfallezca. Además, el *beeper* acaba de señalar que el servicio es parte del liderazgo.

Te inclinas junto a él y te pones a la altura de su cabeza. Lentamente, te incorporas espalda con espalda. Con pequeños golpecitos bien calculados, vas instándolo a pasar las bolsas de la pesada carga sobre tu espalda. Le señalas la cantimplora en tu mochila. Él se abalanza y bebe vigorosamente. Sostienes por un largo rato la carga. Tus piernas comienzan a crujir y temes perder el equilibrio. Cuando escuchas el "GRACIAS POR EL ESFUERZO" de labios del hombre, las bolsas desaparecen. Te pones de pie estirando las piernas doloridas. Y el portal de ligustrina se abre, dejando ver un manzano radiante. Te abalanzas a quitar una de las manzanas y la muerdes.

De nuevo, recibes un mensaje en el beeper.

 Beeper: Has logrado encontrar el manzano. El esfuerzo compartido da frutos más dulces que el rigor. Por superar este desafío, has ganado 100 snails coins de oro.

El sol está a punto de caer sobre el horizonte. Necesitas apurar el paso. El camino se vuelve serpenteante y ves a un enano apilando troncos para saltar del otro lado del laberinto. No entiendes por qué hace algo así. ¿Cuál es el sentido? Los troncos rolan y se caen. Todo vuelve a empezar.

¿Qué haces, hombre? ¿Por qué malgastas así tu energía? - le preguntas.

El enano te mira y responde que cada vez llega un poco más alto.

No todas las pruebas son iguales en este laberinto. Yo acepto mi lección – agrega.

¿A qué te refieres? ¿Cuál sería el sentido de apilar troncos una y otra vez y tratar de subirte a ellos y saltarlos? Es inútil e ineficiente - le dices.

Ay, aspirante a líder, no entiendes la maravilla del proceso.

Entonces te secas el sudor, miras con humildad los ojos del enano y le agradeces. Entiendes que el aprendizaje es un proceso a través del cual consigues pequeños progresos. Un tronco más, unos centímetros más arriba. Se te llenan los ojos de lágrimas.

Detrás de los troncos ves la salida del laberinto. Agatha te recibe contenta.

El gran desafío es que ayudes a la gente que te rodea y les compartas las lecciones de este laberinto. Ayúdalos a encontrar la riqueza del error. Los frutos del manzano son dulces y el esfuerzo es válido.

La energía concentrada en un objetivo materializa las metas, pero desde la cooperación, dejando atrás el sacrificio y el rigor. La etimología de la palabra entusiasmo (*en theós*) lo señala con claridad. El sustantivo está formado por la palabra "en" y la palabra "dios". La idea que hay detrás es que cuando las personas se dejan llevar por el entusiasmo, es un dios el que entra en ustedes y se sirve de su persona para manifestarse. El entusiasmo es el magma de la motivación y se estimula al contar con un propósito claro.

La gente necesita saber para qué hace lo que hace, ya que ese propósito es clave cuando las cosas no van bien. Las personas que sienten que su objetivo es solo resolver el trabajo pendiente, caen fácilmente en la ofuscación cuando algo sale mal. Los líderes pueden generar condiciones donde la gente entienda para qué hace lo que hace. Y aún mejor, conecte su trabajo con su propósito de vida. Por eso es importante que los líderes, como tú, practiquen la evangelización del para qué y lo conecten con el propósito de la organización.

El propósito de una organización no es hacer dinero, aunque persiga el lucro. Pensar a las organizaciones de esa manera no es atractivo para quienes trabajan allí. Sería como decir que tu propósito como ser humano es levantarte para respirar, y que es eso lo que te da ganas de empezar cada mañana. ¡Por supuesto que necesitas respirar, pero ese no es tu propósito! De igual manera, es obvio que las organizaciones buscan ser rentables, pero eso no inspira a nadie. Hay una gran oportunidad de inspirar a tus equipos predicando el propósito de tu área. Y para eso, te vamos a invitar a que empieces ahora.

Tras haber atravesado el laberinto del error, responde a continuación:

¿Qué aprendizaje necesitas encarar y cuáles son los progresos parciales que necesitas ver para acercarte a tu propósito de carrera?

____

____

____

____

¿Qué aprendizajes necesita tu equipo desarrollar para acercarse a su propósito?

____

____

____

____

Nos comprometemos con el proceso

Cuando se sostienen desde el esfuerzo direccionado, los pequeños pasos proveen grandes cambios. Esta comunidad de exigentes en recuperación abraza hoy la idea del progreso sostenido hacia la excelencia. Y el aprendizaje implica un proceso. El error es parte del camino. Casi como un juego de palabras, el foco en el PROCESO genera PROGRESO.

El error ha sido interpretado en el pasado como una vergüenza, algo a evitar. Este paradigma no está vigente, ya que atenta contra la supervivencia de la humanidad en estos tiempos altamente inciertos, complejos y cambiantes, donde la realidad es frágil y genera mucha ansiedad a las personas ejecutivas tan enamoradas de la idea del control.

Quienes viven en esta comunidad son empáticos y no se creen curados de la exigencia. Los patrones de búsqueda de perfección siguen jugándoles malas pasadas y vuelven a ofuscarse cuando se equivocan. Pueden ponerse tensos, pero se dan cuenta rápido, y cuando eso sucede, llevan su atención plena para orientarse en la búsqueda de la solución y entender cuál es el aprendizaje que el error les trae.

Cuando los equipos tienen permiso para equivocarse, no hay fracasos, solo aprendizaje. Por eso se abrió un sendero en el laberinto, porque eso fue lo que le dijiste a la doncella en apuros: que TODAVÍA no lo estaba logrando.

Tú, aspirante a líder, le prestaste un servicio a pesar de que tu meta estaba en juego. Por eso encontraste el manzano, porque cumpliste la función esencial del liderazgo: el servicio.

Eres modelo y molde

Está en ti, aspirante a líder, compartir los aprendizajes que tus errores te han traído. Si empiezas, los demás te seguirán. Dejarán de buscar al responsable del error para gestar juntos la solución. Y al haber naturalizado la posibilidad de equivocarse, darán aviso a sus compañeros de equipo, para evitar que otros cometan el mismo error. De esta manera, a partir de tu liderazgo, los errores, cuando ocurran, no serán gratis.

Antes de abandonar Errortown te propongo que busques en tu vida cuáles fueron los errores de los cuales aprendiste una lección.

Lista a continuación algunos que hayas cometido.
1. ____
2. ____
3. ____
4. ____

Y qué lecciones te enseñaron esos errores.
1. ____
2. ____
3. ____
4. ____

Tu misión es propiciar el aprendizaje colectivo. Y para eso, frente a los errores, tu rol será clave. Que los errores no sean gratis depende de ti. Y recuerda, no hace falta pensar en quién se equivocó: se equivoca el equipo y aprende el equipo.

En tu próxima parada, la Ciudadela de la Comunicación, obtendrás herramientas para comunicarte más asertivamente. Me pregunto qué lugar tendrá el error en esas reuniones...

Agatha te avisa que el piloto ya está listo. Te quitas el sombrero y saludas con mucha gratitud a los habitantes de Errortown.

CAPÍTULO 8

Las organizaciones jengibre

Te sorprende el tamaño minúsculo del avión al que Agatha te invita a subir para el traslado. Se trata de un avión hidrante, te explica escuetamente. Se utilizan para mitigar los incendios.

La aeronave cuenta con una capacidad de almacenaje en su tanque para unos 2500 litros de agua que, por medio de la activación de la apertura de una compuerta, se deja caer sobre su objetivo: los focos ígneos. Pero hoy nos va a permitir trasladarnos cerca de aquí, a menos de 200 kilómetros, a la Ciudadela de la Comunicación, tu próximo desafío.

Ante todo, este vuelo rasante que realizaremos sobre los campos nos permitirá reflexionar acerca de un aspecto importante del liderazgo. En estos campos cultivamos solo especies rizomáticas. Y existe un motivo para ello.

Los campos que regaremos en el trayecto hacia la Ciudadela de la Comunicación representan una metáfora de un modelo de organización que resulta superador al tan difundido modelo piramidal.

Juan: ¡Cultivamos organizaciones con futuro!

Turmalina: ¡Siempre y cuando ustedes, los seres humanos, se den cuenta!

Las organizaciones jengibre

Las organizaciones jengibre constituyen la evolución de sus predecesoras: las organizaciones árbol. Estas últimas crecen a partir de una semilla que deviene tallo y se multiplica en hojas que florecen y dan frutos. La mayoría de las herbáceas se reproducen a través de las semillas o también por esquejes o bulbos que se multiplican bajo tierra. Buscamos cultivar organizaciones que crecen como rizomas, y no como árboles.

Juan: El rizoma es un concepto filosófico desarrollado por Gilles Deleuze y Félix Guattari.

Turmalina: Un rizoma no crece siguiendo líneas de subordinación jerárquica.

Exactamente, agrega entusiasta Agatha mientras se coloca las gafas de piloto.

Cualquier elemento puede afectar o incidir en cualquier otro sin importar su posición recíproca, y, por lo tanto, el rizoma carece de centro. No es necesario esperar a que el tallo devenga en ramas, que a su vez críen hojas que den primero flor y luego fruto. Siguiendo esta analogía, tanto el tallo como la hoja pueden dar flor.

Juan: ¿No es sensacional? Amo el concepto de rizoma. No hay límites para el crecimiento ni largas esperas.

Internet y las redes sociales serían ejemplos de rizomas, por ejemplo, acota Agatha mientras ajusta su cinturón de seguridad. En contraposición con los medios de comunicación de masas donde se impone la jerarquía en la comunicación, el centro elabora el mensaje y lo difunde de forma unidireccional.

Juan: El jengibre es un ejemplo de planta rizomática. ¡Adoro el jengibre!

La horizontalidad en las interacciones y comunicaciones entre las personas es la característica más destacada de las organizaciones jengibre. Agatha aumenta el volumen de su voz porque ya están en el aire acercándose a los extensos campos de rizomas.

En el campo de la biología, un rizoma es un tallo subterráneo con varias yemas que crece de forma horizontal emitiendo raíces y brotes herbáceos de sus nudos. Los rizomas crecen indefinidamente. En el curso de los años mueren las partes más viejas, pero cada año producen nuevos brotes, pudiendo de ese modo cubrir grandes áreas de terreno.

Por eso, nosotros, la Brigada AT, dice Agatha, cultivamos las mentes y los corazones de los líderes para que busquen propagar organizaciones rizomáticas. El mundo actual requiere altos niveles de autoorganización y flexibilidad. En este contexto, las organizaciones rizomáticas satisfacen estos requerimientos. Necesitamos que los nuevos líderes comiencen a vivir su liderazgo con una vocación de servicio, no solo como una función de gestión. En las organizaciones rizomáticas son ellos quienes buscan que todos se sientan y actúen como líderes protagonistas. Deseamos que los aprendices de líderes, como tú, colaboren al crecimiento de esta nueva conciencia.

Turmalina: Aunque dudo que lo hagan. Seamos sinceros, ¡ustedes aman los nombres de los cargos! Gerente, Jefe, Supervisor ¡Puaj, cuánto ego!

Agatha regaña a Turmalina y le dice que ella sí cree en los líderes que, como tú, propagarán las organizaciones de este tipo. Por eso, el agua que derramarás sobre estas plantaciones hoy simboliza el compromiso que asumes: ser un cultivador de organizaciones jengibre.

Juan: El agua representa la comunicación que te comprometes a hacer fluir en todas las direcciones del rizoma.

¡Exacto! Esa comunicación es metafóricamente el agua que, junto con la luz del sol y la fertilidad de la tierra, hacen posible la fotosíntesis que garantiza la supervivencia y el crecimiento.

En esta analogía, la comunicación es a las organizaciones lo que el agua a estos rizomas.

Turmalina: ¡Y a soltar el compromiso a controlar, eh! Si es que puedes.

Un rizoma es un tallo subterráneo distinto de la raíz, que, en vez de aferrarse a la tierra, es móvil y difícil de atrapar.

Exacto Turmalina, agrega Agatha, emocionada. De ahí que el modelo rizomático propone pensar que cualquier elemento de una estructura impacta sin importar su jerarquía. Justamente por eso es que la comunicación debe promoverse en todas las direcciones.

El crecimiento natural de los árboles ha servido de modelo a las organizaciones verticalistas donde se muestra que los elementos de mayor nivel son necesariamente subordinados, pero no a la inversa. En cambio, estos campos que cultivamos aquí representan lo que el futuro requiere de las organizaciones que quieran ser generadoras del cambio. Cualquier rizoma (persona) puede funcionar como raíz, tallo o rama sin importar su posición en la figura de la planta. No implica que una estructura rizomática sea necesariamente inestable. En un rizoma existen líneas de solidez y organización fijadas por grupos o conjuntos de conceptos afines.

¿Cómo son las organizaciones jengibre?

Conectadas: cualquier punto del rizoma puede ser conectado por cualquier otro. El rizoma es, además, una unidad heterogénea.

Múltiples: el rizoma es siempre multiplicidad que no deja reducirse ni a lo uno ni a lo múltiple; no está hecho de unidades, sino de dimensiones.

Juan: ¿Por qué las organizaciones jengibre son el futuro? Dado su esquema de red, se adaptan más fácilmente al entorno cambiante. Por ende, son eficaces en contextos complejos. Actúan como rizomas: se autoreparan y proporcionan flexibilidad. Responden bien a las crisis.

Turmalina: ¡Las organizaciones jengibre son fantásticas! Parecen gatos, tienden al equilibrio.

Y algo fundamental, agrega Agatha, es que tienen la capacidad de organizarse en función del contexto. Y ya sabemos que el contexto se ha vuelto bastante cambiante.

¿Entonces, estás listo para abrir las compuertas?, grita Agatha, divertida.

¡Vamos! Ahora, ¡a regar estos campos!

Recuerda por favor, regar a tus equipos con comunicación fluida.

Las personas que puedan elegir dónde trabajar optarán hacerlo en organizaciones jengibre. Allí se sienten escuchadas, pueden tener como mentor a una persona de más experiencia y a su vez mentorear a los ingresantes. El crecimiento de carrera puede ser a través de proyectos que empiezan y terminan en vez de posiciones fijas. Igual que un rizoma, ¡la persona puede crecer en múltiples direcciones!

Suena el beeper.

Beeper: ¡Bravo! Ya eres un cultivador de organizaciones jengibre. Ten, aquí tienes 100 snails coins de oro más.

El gran desafío para los líderes será cómo promover la cooperación y no la competencia en las organizaciones jengibre y cómo alentar la diversidad y no el acatamiento de las ideas dominantes.

Juan: ¿A que ya adivinas?

Turmalina: A que todavía no.

Es algo que se promueve cuando ESTÁS A CARGO.

Como ya sabes, el respeto no se negocia. Cuando las personas se sienten en confianza, buscarán compartir y propagar sus ideas independientemente de su cargo. Como dicen por ahí, idea mata jerarquía.

 **Turmalina:** Seee, ya lo sé. Demasiado romántico, ¿no?

 **Juan:** Pero posible. Créeme.

CAPÍTULO 9

La Ciudadela de la Comunicación

El avión hidrante aterriza en la pista y el ruido de la hélice no te permite escuchar el nombre del señor de *smoking* blanco y bigotes que les da a ti y a Agatha la bienvenida. Junto a él, un mago con galera saca de su bolsillo una flor y la extiende frente a ti con una gran sonrisa. Una pareja de acróbatas enfundados en estridentes atuendos completa la comitiva que los recibe: bienvenido a la Ciudadela de la Comunicación, la más divertida de las paradas de los aprendices de líder.

El mago te guiña el ojo y se queda mirando el bolsillo de tu pantalón como si anticipara la vibración del *beeper* que te avisa que recibiste un mensaje nuevo. Metes tu mano y al sacarlo lees: ¡A jugar!

Agatha agrega: Aquí lo más interesante es que aprenderás de comunicación jugando. ¡Andando! Debemos atravesar aquel puente. Del otro lado encontraremos la entrada a una feria donde pondrás a prueba tus habilidades y ganarás puntos.

Te entusiasma la idea de ganar puntos, ya que eres competitivo, aunque te apremia saber si de veras podrás ganar alguno: la comunicación nunca fue tu fuerte. "¿Sufres de vértigo?", la pregunta de Turmalina interrumpe tus pensamientos mientras comienzas a avanzar hacia lo que parece ser ¡un puente levadizo! NOOOOO. ¿¡Por qué!? Empiezas a sentirte ansioso.

Agatha reconoce tu miedo. Dice que estará a tu lado todo el tiempo. Igual que sucede en una buena comunicación, avanzaremos juntos, paso a paso. Agárrate bien de las sogas a tus costados y no pierdas de vista la otra orilla. Al igual que en una buena comunicación, atravesaremos el puente con la mira puesta en el objetivo. No mires para atrás y mucho menos para abajo, por donde corre un potente río.

La comunicación es vital para la vida humana. Necesitamos la conexión con los demás para generar acuerdos. Para ser efectivo, debes aprender a pensar qué es lo que quieres lograr cuando te comunicas. Hablas para algo, ¿qué quieres que pase? ¿Qué necesitas para lograrlo? ¿Cuál es tu compromiso al conversar?

Puedes usar el lenguaje de distintos modos. Pero no creas que el lenguaje es inocente. Cuando hablas, ¿tu compromiso está puesto en tener razón? ¿En describir lo que llamas "la realidad"? ¿En quejarte? Pues bien, estás en todo tu derecho. Hacerlo te permite hacer catarsis, te desahogarás y podrás escucharte y ser escuchado. Te contarás una historia y te justificarás. Pero esa forma de usar el lenguaje no hará que cambies nada.

Conversar para que las cosas pasen

Las únicas formas que tenemos para que nuestro lenguaje cambie nuestra realidad es hacer:

1. Pedidos
2. Ofrecimientos
3. Promesas

La explicación de Agatha logró mantenerte concentrado y avanzaste. Y, casi sin darte cuenta, cruzaste el puente levadizo. Encuentras mucha sabiduría en esto del compromiso con el que hablas. Muchas veces te hallas en conversaciones donde no entiendes para qué estás hablando o qué pretende la otra persona al decirte lo que te dice. ¡Y pierdes mucho tiempo y energía!

"¡Esta es la entrada a la Ciudadela!", Agatha señala un medio arco de mármol tallado y una estructura abovedada. Reconoces en los extremos dos pilares con unas estatuas hechas en piedra. Son gárgolas. Agatha explica que las gárgolas son muy significativas como metáforas para los líderes.

La comunicación necesita de contextos. Los espacios donde se generan las conversaciones necesarias para conformar y mantener vivos los vínculos hacia dentro de los equipos. Estos rituales son sagrados. Tú, como líder, deberás ser como una de éstas gárgolas: un guardián de los espacios de encuentro (reuniones diarias, semanales, retrospectivas, de integración). Las gárgolas son seres mitológicos que se construían en los templos para ahuyentar a los malos espíritus. Debes proteger estos espacios y convencerte de que el tiempo destinado a estos rituales de reunión es fundamental. Y ahuyentar los malos espíritus (personas que monopolizan la palabra, personas que no van preparadas a las reuniones, personas que dicen las cosas de un mal modo).

Debajo del pórtico están escritos algunos principios a los cuales debes prestar juramento antes de ingresar. ¿Estás listo? Debes hacer una manifestación verbal de tu compromiso como comunicador.

Juan: Por favor, ¿puedes poner tu mano derecha en alto y la izquierda sobre el centro de tu pecho? Este es un momento épico.

Turmalina: Repite en voz alta (y de modo creíble por favorrrr) las siguientes preguntas:

1. ¿Aceptas que eres el responsable del resultado de las comunicaciones en las que participas? (Es decir que, si el otro no te entendió, deberías descubrir qué fue lo que te faltó para que ese otro te entendiera)
2. ¿Te recuerdas constantemente que tu mapa no es el territorio? (Es decir, no das por sentado que el otro lee la situación desde tu mismo punto de vista)

3. ¿Te comprometes a desarrollar versatilidad para incorporar nuevos canales y adecuar tu "cómo" para poder comunicarte mejor con los demás? (Es decir, te adecúas a los demás y no al revés)
4. ¿A partir de hoy adhieres a la idea de que si aprendes no hay fracasos, sino tan solo resultados? (Es decir ¿estás abierto a aprender e ir mejorando con la práctica?)
5. Respondes que sí a todas.
6. Entonces, aprendiz, te deseamos suerte en este camino que te conduce a convertirte en un buen comunicador.

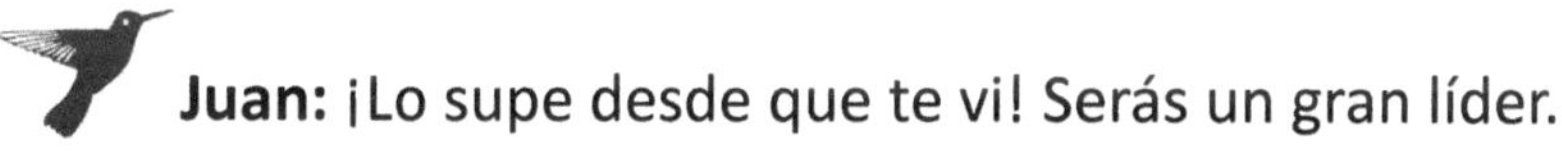

Juan: ¡Lo supe desde que te vi! Serás un gran líder.

Vuelves a sentir una vibración en tu pantalón.

Beeper: ¡Excelente! Esfuérzate por entender cuál es la clave que te convertirá en un excelente comunicador.

Todos los juegos de la Ciudadela de la Comunicación se experimentan con una actitud protagonista. Deja fuera del juego a ELO por un rato. Aquí creemos que no hay culpables de la mala comunicación. Solo resultados. Y tú, a partir de tu compromiso, te volverás un conductor natural del flujo de comunicación. ¡No existen los fracasos para quienes buscan el aprendizaje!

¡Son realmente inspiradores estos compromisos que asumiste! Quieres ser recordado como una persona clara y que puede hablar de temas difíciles. Sientes una ráfaga de confianza que te recorre el cuerpo.

Cuando una comunicación es efectiva, hay armonía

Avancemos, dice Agatha, y sientes las alitas de Juan zumbando cerca de tus oídos y los pasitos imperceptibles de Turmalina, a quien le ofreces subir a tu hombro. Pero arisca como es, agradece y dice que no.

En un abrir y cerrar de ojos, estás sentado sobre unas gradas en medio de una carpa de circo con grandes ventiladores que parecen paliar a la perfección la humedad y el calor de la isla. A tu lado, Agatha, sentada junto a ti en la primera fila de asientos, y Turmalina detrás. Juan revolotea entusiasmado (¡cuándo no!) alrededor. Te sientes mimetizado con esta muchedumbre de rostros que, como tú, miran hacia arriba buscando una explicación en una mezcla de admiración y terror.

Reconoces al primer equilibrista, el del atuendo estridente. Es quien te recibió antes, en la limusina, cuando bajaste del avión. Ahora camina como si nada por un delgado cable sujetando un bastón. Y ahora ¡hace una medialuna! Increíble. Toda la sala grita un "oohh" histérico. Su compañera ingresa a la escena montada en un monociclo.

"Esta hazaña se parece a una comunicación efectiva entre personas. ¿Por qué?", te pregunta Agatha al oído. Te apena decirle que no se te ocurre nada. Es tu primera vez en el circo. Solo ves a dos locos colgados en dos cables que arriesgan su vida en el aire y sientes tanto vértigo que, por las dudas, te sujetas bien de la butaca. Solo por si acaso. "¡La clave es el equilibrio!", dice con sus ojos de amatista clavados en los tuyos.

Las personas experimentan una común unión cuando hay un equilibrio justo entre la receptividad del acto de escuchar y la asertividad del acto del decir. Ese equilibrio es un punto tan delgado como la unión de aquellos dos cables de acero que sostienen los cuerpos de los acróbatas en el aire.

"¿Cómo se conforma ese centro de gravedad?". La pregunta de Agatha retumba en tu cabeza.

Como dijimos al principio de este *challenge* ESTÁS A CARGO, tendemos a usar con mucha imprudencia frases como "en realidad..." , "lo que pasa es que...", " "lo único cierto es que..." Estas frases ponen en riesgo el equilibrio de la conversación tanto como lo haría cualquier movimiento brusco de los acróbatas.

"¿Qué es la realidad?", te pregunta Agatha. "Una construcción", dice bajando la voz para no molestar al resto de los espectadores, "hecha por cada persona". Al igual que estos acróbatas, lo importante es que nos mantengamos atentos y conscientes de ese cable sobre el que caminan. Nadie es dueño de la verdad. No existe algo tal como "la realidad" sino más bien "tu modo de ver las cosas".

Tener este concepto claro es el primer paso para mantenernos en un equilibrio dinámico en el ámbito de las comunicaciones que establecemos desde que nos despertamos hasta que nos vamos a dormir.

El cómo

El otro cable de acero que conforma el punto de gravedad y nos otorga el equilibrio en la comunicación es el cómo (la forma).

Las palabras no son inocentes. El contenido (el qué) de tu mensaje es importante. Pero el cómo comunicas lo que comunicas puede tener implicancias sorprendentes en tu receptor. Por eso, dado que ESTÁS A CARGO, necesitas volverte versátil en las formas: es decir, capaz de modificar tu CÓMO en función de lo que percibes que tu receptor necesita. Esto es maravilloso. ¿Te imaginas? Poder crear esa comodidad en tu interlocutor a través de lo que puedes distinguir. Volverte flexible en el cómo te hará más efectivo, ya que alcanzarás a más interlocutores.

El cómo importa

Tu "cómo" puede enfatizar tu mensaje o generar una contradicción.

Hay una famosa investigación del profesor Albert Mehrabian que ha sido mal comprendida. Su objetivo fue demostrar la importancia de la congruencia entre el contenido del mensaje (el qué) y el modo en el que este se transmite (el cómo).

En ese estudio, Mehrabian demuestra cómo las personas transmitimos nuestras emociones. Un 55% lo hacemos a través del lenguaje corporal, un 38% a través del tono de nuestra voz y el ritmo de nuestro habla, y solo el 7% a través del contenido del mensaje.

Es importante que comprendas que tu cuerpo (tu mirada, cómo usas tus manos para acompañar lo que dices, cuán erguido o encorvado te sientas, el tono y el volumen de tu voz, la velocidad con la que hablas y cuánto mantienes o no el contacto visual) debe ser congruente con el qué (lo que quieres transmitir)

Y que cuando no eres congruente, las personas le creerán más a tu cuerpo y al tono de tu voz que a tus palabras, porque es a través de ellos como transmites tus emociones.

La comunicación es como una danza

Todavía te palpita rápido el corazón después de haber presenciado el show de saltos mortales de la pareja de acróbatas colgada en esos cables ¡y montados en un monociclo! Turmalina dice que deben irse. Llegarán tarde al concurso.

Al ingresar en una carpa contigua, escuchas distintos tipos de música: vals, bachata y hasta un tango. El anfitrión aparece en el escenario y, micrófono en mano, anuncia que el concurso ha comenzado. ¡Es el señor de *smoking* blanco y bigotes que les dio a ti y a Agatha la bienvenida al bajar del avión! Con tono solemne, anuncia que son tres las parejas que concursarán. Y que deberán mostrar sus cualidades y convencer al público y al jurado, bailando estos tres géneros musicales. ¡Que ganen los mejores! Aplausos otra vez.

"¿Qué significará que ganen los mejores?", pregunta Agatha. Contestas sin dudar: los que tengan más ritmo. Los aplausos asustan a Turmalina. "Adoro los bailes de parejas", dice Juan. Turmalina disiente y se esconde debajo de la butaca.

El rapport

El primer género es el tango. La versión más popular de este baile nacido a orillas del Río de la Plata, principalmente de Montevideo y de Buenos Aires, que posteriormente se extendió por todo el mundo. Se caracteriza por el abrazo estrecho de la pareja, la caminata tanguera, el corte, la quebrada, y la cabalgata. El tango que suena ahora es quizás el más conocido: "La Cumparsita". Los versos de Celedonio Flores en la voz de Julio Sosa. Las tres parejas bailan el tango y se mueven en la pista como un monstruo de dos cabezas, una bestia de cuatro patas, en palabras de la escritora Alicia Dujovne. "El tango es sinónimo de seducción", los aplausos interrumpen las palabras de Agatha, que hoy está particularmente elocuente.

El jurado vota, y enseguida suena el siguiente género musical: el vals.

La orquesta de André Rieu interpreta a Johann Strauss Orchestra. La pista se viste con la elegancia de los salones vieneses del siglo XVIII y las parejas bailan "El Danubio Azul". Es una maravilla verlos desplazarse como pinceladas de acuarelas sobre el escenario en cada movimiento ondulante de sus vestidos azules, verdes y rosados. Sientes una profunda emoción que intentas ocultar para que no se te escapen las lágrimas. Te acuerdas de varias celebraciones familiares. Pero te das cuenta de que nunca habías observado con verdadera atención cómo las parejas se mimetizan corporalmente al bailar al compás de los acordes hasta parecer un solo cuerpo.

El jurado delibera, el anfitrión llama a las parejas por sus nombres y ellos reciben el aplauso del público.

Agatha dice que ya deben irse. Te resistes. Quieres conocer cuál es la pareja ganadora. Tu favorita es la número 1. Ella insiste. "Ya hemos visto lo que necesitábamos ver. Además, en la comunicación no hay ganadores o perdedores".

Juan dice que es una metáfora poderosa: cuando es efectiva, la comunicación entre dos personas se percibe como una danza. Y cuando eso ocurre, todos ganan. Para eso estás aquí: para dilucidar cómo danzar con quienes te comuniques.

Antes de irnos, dime aprendiz: ¿cuál es para ti la clave de la armonía que viste en estas parejas? Dices que lo más importante es la conexión con la pareja de baile.

"Bien", señala Agatha complacida. "Esa común unión que se da entre las parejas de baile en la comunicación se llama 'el *rapport*'. Esa burbuja de comodidad donde nadie lleva o mueve a su pareja de un sitio a otro, sino que ambos se desplazan juntos, respetando el ritmo, la tensión de los cuerpos y la dirección de los movimientos". Eso queremos que aprendas a hacer al conversar. Sin llevar o traer a tu interlocutor a ningún lado: acompañando sus movimientos, entrando en su canal, sin por eso perder el paso. Para ello, primero debes aprender a calibrar al otro. Cualquier cambio en su postura, en su fisiología, en el tono de su voz e incluso en su respiración, son claves que debes leer, porque te permitirán ir al compás, sin forzar ni ser forzado, en una danza que ambos sentirán como armónica. Tú puedes generar ese mismo *rapport* al conversar.

Y tiene que ver con que puedas observar, calibrar y luego acompasar a tu interlocutor.

CAPÍTULO 10

La Feria de las Habilidades

Te quedas pensando ¡cuántas veces en el pasado no generaste *rapport* mientras conversabas con otros!

Agatha parece escuchar tus pensamientos. ¡No te culpes, aprendiz!

Todo lo que hiciste en el pasado te preparó para este presente.

Hoy tienes más herramientas y por ende más posibilidades. Lo importante es que hoy te comprometas a utilizar el lenguaje como un generador de realidad y tiendas puentes con tu interlocutor. Te gusta esa actitud de mirar hacia el futuro. Es cierto, de nada sirve lamentarse sino declarar ¿qué quiero que pase? Y ahora lo que pasará es que ¡jugarás!

La feria de habilidades

Ya reconoces el tono jocoso de Juan anticipando el próximo paso de esta aventura.

Juan: Estoy feliz… Estoy feliz… Estoy feliz… ¡Llegamos a mi parte favorita!

Toma, dice Turmalina. Abres ambas manos y recibes una bolsa con fichas. Juan acota que está emocionado. Turmalina maúlla y dice que Juan es tan cursi que la aburre. No entiendes de qué habla Juan. Te das vuelta y ves ante ti un portón donde cuelga un gran cartel luminoso que reza "Preguntas y respuestas para aprendices de líder".

Juan: Por favor, por favor, por favor, piensa bieeen antes de contestar.

Turmalina: Sí, te conviene. Así puedes aspirar a canjear los puntos que ganes por premios. Por cada respuesta correcta, sumas 100 puntos. Pero cuidado, porque cada respuesta incorrecta te resta 50 puntos. No iba a ser taaan fácil. ¿Listo?

Juan: Por favor, por favor, presta atención, que quiero que entres. Te tengo fe. Recuerda que necesitas 300 puntos para ingresar.

Pregunta #1 por 100 puntos para el aprendiz de líder

1) Si excluimos la salud y los afectos, ¿qué es lo más valioso que las personas tenemos?

El tiempo	El dinero	La carrera	El ocio	La atención

La respuesta es LA ATENCIÓN.

En la era de las pantallas y las redes sociales, prestar atención de modo sostenido a una persona resulta todo un desafío. Por eso, debes ser asertivo cuando te comuniques.

Pregunta #2 por 100 puntos para el aprendiz de líder

2) ¿Quién lidera una comunicación entre dos personas? ¿Quién logra su objetivo en una conversación?

El emisor	El más versátil	El que habla mejor	El que escucha mejor	El receptor

La respuesta es EL MÁS VERSÁTIL

Las personas tenemos distintos canales de comunicación. Poder transmitir tus mensajes contemplando esas diferencias te vuelve súper efectivo.

Pregunta #3 por 100 puntos para el aprendiz de líder

3) ¿Quién puede aseverar con total autoridad que fuiste claro al comunicarte?

Tú	La persona con la que te has comunicado	Ambos	Depende la circunstancia	Nadie puede señalar eso

La respuesta es LA PERSONA CON LA QUE TE HAS COMUNICADO

Por más que abundan los "yo fui claro", en verdad eres claro si la persona con la que intentabas comunicarte te consideró claro. Ser versátil implica volverse claro para la mayor cantidad de personas posible.

Y, tú, lector... ¿Cómo has respondido? ¿Habrías ganado tu entrada a la feria?

Juan: Seguro que sí. Lo estás haciendo muy bien.

Suena el beeper.

Beeper: ¡Excelente! La impecabilidad y la versatilidad son las claves para que te transformes en un gran comunicador. 100 snails coins de plata por volverte más asertivo al comunicarte. Aprovecha la feria para desarrollar esas habilidades.

Derriba a los topos

En el primer juego de la feria, te paras con un martillo en la mano frente a una mesa con seis hoyos. Tu misión es pegarle al topo que salga aleatoriamente por esos hoyos. Estos animales resultan dañinos, porque se comen los nutrientes de una buena conversación. ¿Estás listo? ¡A derribarlos!

TOPO #1 - Escuchar esperando responder
TOPO #2 – Mostrar falta de interés
TOPO #3 – Mantener prejuicios negativos de la persona

Tiro al blanco

Ahora te paras frente al *stand* de tiro al blanco. Agatha dice que tomes los dardos y comiences a lanzarlos. Tienes solo un minuto. La clave de la asertividad es que hables para que las cosas pasen.

¡Dispara!

1. Sin atacar a la persona.
2. Sin atribuirle intenciones.
3. Sin desviarte de tu objetivo.
4. Sin hacer un monólogo.

¡Muy bien! Has acertado los cuatro dardos. Ahora sí, avanzamos al siguiente *stand*.

El poder de la versatilidad

Eres versátil si eres capaz de comunicarte con personas distintas a ti. No solo desde la ideología, sino también con personas que usan otros modos (canales) de comunicación. La PNL (Programación Neurolingüística) nos regala el fabuloso concepto de los sistemas de representación. Todos tenemos tres sistemas de representación al alcance. Pero, por algún motivo, usamos alguno de ellos con mayor frecuencia. Pero tú, que ESTÁS A CARGO, ahora aprenderás cómo adecuar tu cómo (el modo) a cualquiera de los tres sistemas.

El TA-TE-TI

Agatha es la jugadora de estilo **VISUAL** y juega con la **X (la cruz).**

Turmalina es la jugadora del estilo **AUDITIVO** y juega con el **O (el círculo).**

Y Juan es el jugador del estilo **KINESTÉSICO** y juega con la **/ (barra).**

¿De qué modo se comunican?

Agatha va a ocupar el lugar de una jugadora de estilo Visual (X). Entonces, piensa en imágenes. Habla en un tono de voz alto. Usa una velocidad rápida al hablar. Aborda los temas de modo superficial. Habla de varias cosas a la vez, aunque sean inconexas. Hace varias cosas a la vez sin estrés. Puede incluso dejar las frases inconclusas. Tiende a ser poco específica al brindar información. Tiende a interrumpir a su interlocutor. Gesticula hacia afuera con las manos porque busca "enseñar" a su interlocutor todo lo que "ve" (su pensamiento). Para poder hablar con un tono alto y con una velocidad rápida, su respiración es entrecortada. Su corporalidad es erguida. Su cabeza va hacia atrás para tener más campo visual. Prefiere mantener distancia con su interlocutor para no perder la perspectiva de su entorno. Mantiene el contacto visual. Necesita que tú también la mires a los ojos. Cuando adoptas estos comportamientos, esta jugadora sentirá *rapport* contigo. Evaluará que ha tenido una muy buena comunicación. Y sentirá que eres muy claro al comunicarte.

Turmalina es la jugadora auditiva (O). Entonces, piensa de modo secuencial. Habla en un tono de voz intermedio. Usa una velocidad pausada (más lenta que la jugadora visual). Aborda los temas de modo secuencial y expresa sus ideas en orden. Empieza una idea y la termina. Recién después cambia a la siguiente. Tiende a ser muy específica al brindar información. Por eso, busca las palabras exactas. Su respiración es intermedia porque no usa un volumen ni una velocidad altas. No suele interrumpir a su interlocutor. No gesticula hacia afuera con las manos. Puede usarlas para tocarse la barbilla o las orejas (indicador de que está percibiendo a través del sistema auditivo). Su corporalidad no es tan erguida como la jugadora visual. No necesita mantener una gran distancia con su interlocutor en tanto pueda escucharlo. No necesita ni busca el contacto visual. No se siente incómoda si no la miras a los ojos. Cuando adoptas estos comportamientos, esta jugadora sentirá *rapport* contigo. Evaluará que ha tenido una muy buena comunicación contigo. Y sentirá que eres muy claro al comunicarte.

Juan es el jugador kinestésico (/). Entonces, piensa a través de sensaciones. Habla en un tono de voz muy bajo. Usa una velocidad lenta (más lenta que la jugadora Auditiva). Aborda los temas de modo aleatorio (como los va sintiendo). Empieza una idea y la desarrolla con muchísima profundidad (porque está relacionada a sus sentimientos o sensaciones) Tiene gran capacidad de concentración a pesar de los ruidos y de los estímulos visuales. Usa una velocidad para hablar que resulta demasiado lenta para los otros dos jugadores. Interrumpe a su interlocutor para transmitir lo que está sintiendo o recordar lo que sintió. Gesticula hacia adentro especialmente señalando su pecho o el estómago (donde ubica las sensaciones y sentimientos que busca transmitir). Su corporalidad es relajada. Si está sentado, se desparrama en la silla para estar bien cómodo. Se mueve o cambia de posición mientras habla. Si está de pie, sus hombros van caídos. Mantiene una distancia muy corta con la gente con la que se comunica. Busca el contacto corporal y lo necesita. Cuando adoptas estos comportamientos, este jugador sentirá *rapport* contigo. Evaluará que ha tenido una muy buena comunicación contigo. Y sentirá que eres muy claro al comunicarte.

Y, tú, ¿con cuál de estos tres jugadores sentirías más *rapport*?

La tendencia es a sentirte más cómodo con las personas que usan tu mismo canal.

Por eso, es importante que desarrolles la suficiente versatilidad que te permita "cambiar de canal" cuando sea necesario. ¿En función de qué? ¡de tu interlocutor! Serás más claro para él porque utilizas su canal. Y, si lo haces sentir más cómodo, recibirá mejor tu mensaje. O sea que, cada vez que lo hagas, serás más asertivo. Y estarás "danzando" con tu interlocutor como las parejas que viste en el concurso.

Turmalina: ¿Por qué te tomarás taaanto trabajo? Pues porque cuando tú ESTÁS A CARGO eres responsable de la calidad de las conversaciones en las que participas.

Suena tu beeper. Lees:

Beeper: No eres visual, auditivo o kinestésico. Te pones visual, auditivo o kinestésico. Usas ese sistema de representación.

Versatilidad en acción

Debes marcar en este tablero cómo te versatilizarías para comunicarte con cada uno de los jugadores.

JUGADOR		
AGATA	X	Visual
TURMALINA	O	Auditivo
JUAN	/	Kinestésico

Marca con un X lo que te permitiría generar *rapport* con la jugadora visual.

Marca con un O lo que te permitiría ser claro con la jugadora auditiva.

Marca con una // lo que te acercaría a la jugadora kinestésica.

Objetivo #1- Enseñarle a usar un reporte

Usarías Apoyos visuales	Harías una introducción	Irías lento en la explicación	Propondrías un caso
Incluirías sentimientos en tu discurso	Serías breve	Serías general	Darías Detalles
Llevarías un orden secuencial	Mantendrías Contacto visual	Usarías frases cortas	Harías un ensayo
Le preguntarías cómo lo haría	Harías un paso a paso verbal	Le propondrías que tome notas	Recorrerías El documento juntos
Usarías muchos colores	Dejarías que primero lo explore solo	Primero explicarías todo	Le harías preguntas

OBJETIVO #2 – Delegarle una tarea nueva

Usarías instrucciones escritas	Harías una introducción	Irías lento	Propondrías un caso
Incluirías sentimientos que puede sentir al ejecutar las tareas	Serías breve	Serías general	Darías Detalles

Harías chistes o comentarios cómicos	Mantendrías Contacto visual	Usarías frases cortas	Harías un ensayo junto a la persona
Le preguntarías cómo lo haría	Le harías preguntas y respuestas	Empezarías por el final (el entregable)	Recorrerías todo el circuito primero
Usarías colores para explicarle por escrito la tarea	Harías un paso a paso verbal	Harías un resumen de lo que ya sabe	Le harías preguntas

NO ES NADA CLARO SER CLARO. A partir de hoy quisiéramos que comprendas la trampa que encierra el decir que eres claro. ¿Claro para quién? Claro para el otro. Ese otro con el que intentas comunicarte. Entonces, comunicarte mejor significa que cuentes con más estrategias al momento de comunicarte.

LA PERSONA QUE ESTÁ VISUAL	LA PERSONA QUE ESTÁ AUDITIVA	LA PERSONA QUE ESTÁ KINESTESICA
Comprende, memoriza y aprende mirando	Comprende, memoriza y aprende escuchando	Comprende, memoriza y aprende haciendo
Ideas generales	Ideas precisas y con detalles	Lleva las ideas a la experiencia
Pensamiento fugaz	Pensamiento ordenado y secuencial	Piensa a través de sensaciones y de sentimientos

LA PERSONA QUE ESTÁ VISUAL	LA PERSONA QUE ESTÁ AUDITIVA	LA PERSONA QUE ESTÁ KINESTESICA
Mira y necesita ser mirado a los ojos	No necesita mirar ni ser mirado a los ojos	Necesita del movimiento
Ritmo rápido	Ritmo parejo	Ritmo profundo
Interrumpe por la velocidad con la que procesa sus pensamientos	No interrumpe porque se desordenan las ideas	Interrumpe porque quiere participar y expresar lo que va sintiendo

Para acreditar todos los puntos que ganaste en la Feria de la Comunicación, hay que pasar por un último juego.

Lanzar los aros

Debes acertarle a las tres patas de la impecabilidad.

1. LA VERDAD
2. EL BIEN
3. LAS FORMAS

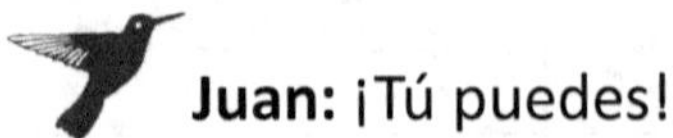

Juan: ¡Tú puedes!

Juan siempre te alienta. ¡Es tan lindo este colibrí!

Das un paso hacia atrás. Extiendes tu brazo derecho y arrojas el primero de los aros y luego el segundo. No es tan fácil como parecía, te decepcionas. Caen al pasto. ¡Te quedan dos minutos! Pones la mira en el primer cartel y arrojas el aro... ¿Le diste?

La impecabilidad es ese tesoro que te hará ganar autoridad.

Eres impecable si y solo si antes de hablar te haces estas tres preguntas:

#1 - LA VERDAD - ¿Lo que vas a decir es verdad?
¿Cuáles son los hechos que lo fundamentan? Deben ser observables para corroborar que no estés metiendo tu mapa (interpretación).

#2 – EL BIEN - ¿Lo que vas a decir sumará? ¿Le hará bien a las personas? El lenguaje no es inocente. Lo que dices genera un impacto en los demás. ¿Pensaste si este impacto será positivo?

#3 – EL CÓMO - ¿Puedes decirlo de forma inofensiva (sin ofender)?
Como vimos, las formas son tan importantes que hasta pueden modificar el contenido de lo que dices. ¿Estás en condiciones emocionales de tener esa conversación de manera que abra posibilidades para ti y para el resto?

Cuando aciertas a los tres aros antes de hablar, entonces ESTÁS A CARGO de la impecabilidad de tus palabras. No hay conversaciones difíciles cuando tu compromiso está puesto en hacer que las cosas pasen.

Lo que has aprendido en la Ciudadela de la Comunicación lo pondrás a prueba cuando te enfrentes a la Montaña Parlante. El temido penúltimo paso de esta aventura. Si pones en práctica estas nuevas formas de volverte impecable y versátil, seguro abrirás posibilidades para ti y para los que te rodean.

Sientes algo de hambre y cansancio que no empañan la sensación de logro que te invade. El sol se pone sobre el mar y sientes que hoy será uno de esos días que recordarás por siempre.

CAPÍTULO 11

La Escucha de Profundidad

El sol despunta sobre un mar turquesa. Acabas de tomar un rico desayuno y te preparas vigoroso para un nuevo día. La nota sobre tu mesa de luz era clara: "Encuéntranos en el muelle a las 9.30. Ven en traje de baño".

Una brisa suave anticipa una gran jornada. No bien pones un pie en el muelle, notas el zumbido de las alitas de Juan cerca de tu hombro. Agatha te pregunta si pudiste descansar bien. Contestas que sí. El hecho de haber ganado muchas más fichas de las que esperabas en la Feria de Habilidades te levantó el ánimo. Te fuiste a dormir con la sensación de estar convirtiéndote en un buen comunicador. Te gusta sentir que progresas. ¡Ya imaginas cuánto pondrás en práctica cuando vuelvas al trabajo!

Estás atento al bolsillo de tu traje de baño. ¿Cuál será el acertijo que deberás dilucidar esta vez? Sin embargo, Agatha dice que no recibirás ningún mensaje del beeper donde vas ahora.

Turmalina: A menos que te lo traiga un caballito de mar. Por favor, dime que no le temes al agua, ¿cierto?

Agatha te presenta a la tripulación del barco y a su capitán. Navegaremos en mar abierto para realizar el próximo desafío: La escucha de profundidad.

La escucha es una habilidad que se entrena. Nada mejor que habitar un contexto de silencio absoluto como el océano, a diez metros de profundidad. ¿Cuántos? ¿Diez metros? Agatha continúa con su explicación mientras a ti sus palabras te cerraron el estómago.

Ahora te colocan una máscara de buceo. Te ajustan la correa de silicona a la altura de la boca, mientras intentas prestar atención a Agatha, que continúa diciendo: "Algunas personas, de modo errado, consideran que la escucha es la parte pasiva de la comunicación. Sin embargo, los líderes escuchadores son quienes más deleitan a las personas con las que interactúan. Al entregarse a la escucha, muestran disposición de conectar con su interlocutor y, por ende, calan profundo en el corazón de las personas. Resultan confiables, ya que las personas se disponen de mejor manera a interactuar con ellos".

Una cosa es oír, y otra muy distinta es escuchar. ¿Dónde se construye la diferencia? Déjame darte un ejemplo. Te dicen: llueve. Y tú escuchas: se suspenderá mi partido de fútbol. ¿Te das cuenta? Oír es involuntario. En cambio, escuchar implica la voluntad deliberada de oír y de interpretar lo que percibes.

¿Qué implica escuchar?

Todos pensamos que escuchar es importante, pero ¿cuántos de nosotros escuchamos de manera efectiva? Te invito a revisar tu propia escucha a partir de estas preguntas. Anota las respuestas para reflexionar sobre ellas más tarde.

Cuando estás en una conversación...

a. ¿Le das tiempo a la otra persona para que se exprese?
b. ¿Interrumpes para dar tu punto de vista?
c. ¿Le haces preguntas?
d. ¿Hablas durante un tiempo prolongado?
e. ¿Piensas en qué vas a responder si te preguntan algo?

Estas preguntas te ayudarán a encontrar indicadores sobre qué tipo de escuchador eres. Y a partir de estos resultados, podrás comenzar a trabajar en la mejora de tu habilidad para escuchar. Por ejemplo, muchas personas centran su atención en lo que van a decir después de que termine de hablar su interlocutor. Su escucha no está enfocada hacia el otro, sino hacia su propia conversación interna. Si detectas que en tu escucha pasa algo similar, puedes empezar a trabajar de manera consciente para cambiar tu forma de escuchar, ya que estos comportamientos generan que las personas con quienes interactúas levanten barreras defensivas y pierdan su confianza en ti.

¿Qué escuchas cuando escuchas?

El ejemplo anterior te invita también a pensar que la escucha no se limita solo a recibir palabras. Además de las palabras, tú también escuchas:

- El uso que la persona hace del lenguaje (¿está explicando, justificando o usa el lenguaje de modo generativo? Es decir, haciendo pedidos y ofrecimientos)
- Las emociones que se disparan al hablar
- La corporalidad
- Las posibilidades que se abren a partir de lo dicho
- Lo que el otro ha interpretado de lo que se dijo

Para entrenar tu escucha, nos sumergiremos en una experiencia de buceo.

Una voz masculina dice: "Aquí tiene su traje de neoprene y sus patas de rana". Desconcertado respondes: "gra… gracias. ¿Patas de qué?", balbuceas. De ninguna manera. No pienso meterme dentro de esto. ¿Cuántos metros dijo Agatha que nos sumergiremos? ¿Diez? Treinta centímetros son suficientes para ahogarme. No lo haré. ¿Quién me mandó a enrolarme en esta aventura? Seguramente, Agatha intentará convencerte. ¡Típico de los seres mágicos! Minimizan los riesgos que los humanos corremos en el ejercicio cotidiano del liderazgo en nuestras organizaciones. Pero esta vez no se lo permitirás. Lo juras. No te sumergirás.

Cinco minutos después, estás metiendo el beeper en una bolsita. Se lo entregas junto con tus gafas de sol al marinero gentil. Antes de proceder a la inmersión, el capitán dirige una charla motivadora que parece darle mucho placer. ¡Qué pesadas te resultan las aletas!

- Estimado aprendiz- el capitán no se saca la gorra- toda la tripulación de este barco, y quien te habla, tu capitán, estamos orgullosos de ser parte de este bautismo de buceo. Hoy es un día memorable para ti. Un hito en tu carrera- insiste.

Te sientes un tanto emocionado. De hecho, es cierto que es tu primera experiencia en el océano y también que estás muerto de miedo. Pero, de un modo extraño, su épica te ha hecho recobrar el coraje y decides superar esta prueba con una actitud positiva.

Juan: ¡Qué valiente eres! Soy tu fan.

De pronto, cambias la perspectiva y decides ver al traje de buzo como la protección que te permitirá sobrevivir a esta aventura. De verdad quieres aprender a escuchar mejor.

Turmalina: ¿Todas estas vueltas para ponerte un traje de neoprene? Típico de los líderes: dramáticos y exagerados.

Juan: Es que tiene razón, Turmalina. Si supera esta prueba, sus relaciones, su carrera y su vida entera cambiarán para siempre. ¡Lamento taaanto que no podamos ir contigo (por razones obvias)!

Turmalina: ¡Habla por ti, pájaro atrevido! Yo agradezco que mis cuatro patas sigan apoyadas en tierra firme mientras allí abajo quién sabe lo que pase...

Navegaremos hacia el Océano de la Transformación, dice Agatha. Una media hora será suficiente. Cuando el radar indique que estamos sobre el maravilloso Parque Sumergido Orejas-Grandes, descenderemos.

Diré esto rápido antes de que te desmayes: ¡Qué bueno que ya no te da miedo el buceo! porque lo aterrador no es respirar a través de un tanque de oxígeno, sino sobrevivir a las medusas... Son miles. No dejes que te piquen, aprendiz. Si lo hacen, estás acabado.

Mira quien se puso dramática ahora... Agatha interrumpe a Turmalina. ¿Listo para la inmersión? Tranquilo. Estaré contigo en todo momento. El buceo, nuestra próxima asignatura, al igual que la escucha, requiere de un trabajo de a dos. Avanzaremos juntos a través del maravilloso Parque Sumergido Orejas-Grandes que está formado por corales mágicos. ¡Son tan lindos! Una verdadera obra de arte de la naturaleza. El resto de la tripulación nos irá monitoreando desde el barco para que todo salga bien.

El marinero gentil arrastra algunas sogas sobre la cubierta y Agatha toma un farol mágico con el que iluminará los desplazamientos subacuáticos con total independencia de la superficie. Bucear en mar abierto es una experiencia única.

Saltarán de espaldas, el tono de voz imperativo del capitán te da escalofríos.

¿Cómo diceee?, levantas el tono de la voz porque el viento sopla fuerte y disminuye la audición. Para bucear debes aprender a manejar tu respiración con el tanque.

- Su equipo ya está asegurado, aprendiz- la voz del marinero es lo último que escuchas antes de saltar.

 **Juan:** ¡Al agua, aprendiz!

La sensación de bucear, por primera vez, es lo más parecido a estar aislado del mundo. Es tal la plenitud que parece que estuvieras en otra dimensión, como cuando tienes una de esas conversaciones profundas con alguien y llegas a acuerdos que posibilitan el trabajo en equipo.

Este silencio es propicio para reflexionar: ¿desde dónde escuchas habitualmente?

Las interpretaciones que surgen de tu escucha te llevan a conversaciones internas, a veces productivas, como instancias de reflexión y aprendizaje. Pero otras limitantes y perjudiciales para tus vínculos y tu accionar en el mundo.

Llevas pocos minutos sumergido, pero ya te das cuenta de que no existe ningún silencio abrumador si primero no acallas tu mente. Estás todo el tiempo diciéndote cosas. ¡Y escuchándote!

Un tipo muy particular de escucha

Te das cuenta de que tu conversación interna es un tipo particular de escucha. Te escuchas a ti mismo durante gran parte del día. ¿Qué cosas te dices? ¿Eso que te dices te abre posibilidades o te las cierra? ¡Eres tú quien decide! Pero, para poder elegir, primero debes darte cuenta (distinguir) en cuáles conversaciones internas te encuentras.

Esto lleva tiempo y práctica. Por eso, aquí, sumergido en el fondo del océano, te propongo que tomes contacto con tu escucha interna. Tus conversaciones internas, derivadas de lo que escuchas, te acompañan durante tanto tiempo que es fundamental que puedas revisarlas.

Antes te dije que la escucha es el resultado de lo que interpretas a partir de lo que has oído o incluso de otros disparadores que percibes a través de tus sentidos. Ahora, mientras avanzamos lentamente hacia el Parque Sumergido Orejas-Grandes, vamos a pensar juntos en el significado de la interpretación.

En su obra *Ontología del lenguaje*, Rafael Echeverría destaca la importancia de la interpretación. Dice que es tan importante en el fenómeno de escuchar que es posible escuchar incluso cuando no se emiten sonidos. Eso te hace sentido. De hecho, tú siempre le dices a tu equipo que "los silencios comunican".

Agatha asiente con una sonrisa que delata que otra vez está leyendo tu pensamiento. Recuerdas las muchas veces en las que hiciste un pedido y la persona a quien se lo hiciste te respondió con un silencio. E inmediatamente lo tomaste como un "no".

Sí. Así funciona la interpretación. Le otorgas sentido a lo que oyes. También escuchas gestos. Si la persona se aleja, si de pronto te mira fijo, una vez más, tú les atribuyes un sentido (es decir, lo interpretas). Ese sentido que le das a lo que escuchas está influido por los distintos contextos en los que te mueves. Tanto tú como las personas que te rodean están siempre inmersas en contextos que influyen en sus interpretaciones del mundo. Por lo tanto… Agatha acerca la luz e ilumina tu cara, y detrás de la máscara de buceo respondes: "por mi escucha, los contextos de los que participo influyen en mi escucha. Qué linda reflexión. No me daba cuenta".

La sonrisa de Agatha lo reafirma: los contextos son a tu escucha lo que el agua es a estos peces. Aunque no seas consciente, te atraviesan varios contextos:

- Tu lugar de origen: donde has nacido
- La cultura en donde has vivido
- Tu propio contexto emocional
- Tus juicios
- Tus valores y creencias
- Lo que conoces y distingues
- Tus intereses

Estos contextos entran en juego cuando escuchas. Y lo hacen a través de tus interpretaciones. Tu escucha no ocurre separada de tus contextos. Interpretas los sonidos y las imágenes que perciben tus sentidos. Un ejemplo es la llamada escucha cultural. Cuesta distinguirla, ya que se convierte en un juicio verdadero para quienes habitan determinada cultura. Así, en las organizaciones se comparten juicios que se consideran como verdaderos: los buenos equipos alcanzan mejores resultados; tenemos que ser el cambio que necesitamos ver; el cliente siempre tiene la razón. Son solo algunos ejemplos.

Es probable que bucear te resulte más fácil de lo que pensabas. Estás acostumbrándote al tanque de oxígeno y aprendiendo a nivelar tu respiración. Prestas una atención esmerada a la técnica, pero todo se hace llevadero con Agatha cerca tuyo.

Es fundamental entender los gestos debajo el agua para advertir de algún peligro o confirmar que la inmersión marcha bien. Igual que cuando escuchas activamente debes aprender a escuchar el lenguaje corporal de tu interlocutor. Te acuerdas del concurso de baile y de la magia del *rapport* que lograban esas parejas en el escenario... casi como si fueran una sola.

A mayor profundidad, más rápido gastas el aire, así que los movimientos deben ser lentos.

La escucha transforma

"El acto de escuchar está basado en la misma ética que nos constituye como seres lingüísticos. Esto es, en el respeto mutuo, en aceptar que los otros son diferentes de nosotros, que en tal diferencia son legítimos, y en la aceptación de su capacidad de tomar acciones en forma autónoma de nosotros [...] Cuando escuchamos, nos colocamos en la disposición de aceptar la posibilidad de que existan otras formas de ser, diferentes a la nuestra", sostiene Rafael Echeverría.

Una vez que te acostumbres a escuchar de modo renovado, te transformarás. Conocerás mucho de quienes te rodean, y ya sabemos que el conocimiento es la base del liderazgo. La escucha es a los vínculos lo que el oxígeno es al buceo.

Ya divisas el Parque Sumergido Orejas-Grandes. Es una maravilla digna de un cuento de hadas. Es un área de 14.000

hectáreas protegidas, un verdadero paraíso marino localizado en el Mar de la Transformación, a 32 km de la costa. El área cuenta con una gran riqueza natural. Está conformado por tres áreas principales:

- El Túnel de la Escucha previa,
- El Túnel de la Escucha Recreativa y
- El Túnel del Compromiso.

Habitada por corales de una exuberancia increíble y esponjas de profundidad, unos de los animales más antiguos del océano, esta área nos brindará protección contra las corrientes fuertes y las temidas medusas.

Las medusas

En este corredor de corrientes fuertes, tu único objetivo será esquivar a las medusas, que producen mucha luz y flotan. ¿Por qué Turmalina habrá dicho que son lo más temido de la aventura? Las medusas tienen unas células urticantes llamadas cnidocistos. Con ellas, lo primero que generan es una especie de urticaria.

Nadaremos y las esquivaremos. La indicación es que te alejes de ellas lentamente sin movimientos bruscos. Las medusas nunca atacan, sino que más bien ponen impedimentos a la conexión verdadera que requiere la escucha activa.

¿Qué pasa si una medusa "pica" tu capacidad de escucha? Su picadura...

1. te hace escuchar a la defensiva
2. te hace ponerte en modo víctima

3. te hace escuchar solo para saber si estás de acuerdo o no
4. te hace escuchar midiendo amenazas
5. te hace escuchar para detectar debilidades en la otra persona

¿Cómo puedes esquivarlas? Debes evitar que las medusas que irritan la escucha te piquen. Y la medida preventiva es que revises cuál es tu compromiso al escuchar.

Así como los contextos influyen en las interpretaciones que haces, tu compromiso guía tu escucha lejos de las medusas. Si has tenido la mala suerte de que te pique cualquiera de estas medusas, lo primero que te recomiendo es salir del agua (o sea, dejar la conversación de la cual estás participando) y eliminar los restos de tentáculos -si son visibles-. No rascarte ni frotarte, es decir, no tomar decisiones en base a lo que escuchaste.

Luego, aplicar frío sobre la zona picada con cubos de hielo durante 15 minutos, para no reaccionar desde el impulso. Es decir, no tomes decisiones. De esta manera evitarás que el veneno pase al torrente sanguíneo de la comunicación. Y debes lavar la herida y volver a conversar una vez que puedas revisar lo escuchado. También, cuidar la herida hasta que cicatrice, y sobre todo evitar que te vuelva a picar una medusa. Si fuera así, las consecuencias pueden ser mucho peores, ya que el cuerpo habrá quedado sensibilizado por el veneno, y la reacción será más aguda. Entendemos que esto se logra revisando el compromiso con el que escuchas. Y, sobre todo, debes aprender a reconocer los distintos tipos de escucha.

El Túnel de la Escucha Previa

Nadaremos ahora a través del primer sector del Parque Sumergido Orejas-Grandes. Sus bellísimos corales mágicos portan una sabiduría que es ancestral y que te desafiará a evolucionar. Solo te dejarán avanzar si demuestras tu habilidad de escuchar activamente. Estos corales se abren para dejar avanzar a los líderes escuchadores y se cierran para impedirles el paso si no escuchan activamente en la comunicación.

El Túnel de la Escucha Previa te hará experimentar las consecuencias negativas que este tipo de escucha provoca en las comunicaciones. Cuando escuchas a tu interlocutor desde tus prejuicios (opiniones previas), no le das oportunidad de ser quien está siendo, porque ya tienes un prejuicio previo de esa persona. Por lo tanto, lo que interpretas de lo que dice hoy está sesgado por el preconcepto que ya tenías de esa persona, y que automáticamente deja a ambos sin la oportunidad de una interpretación diferente.

Por desgracia, muchas veces ocurren conversaciones donde ambas personas se comunican desde su escucha previa.

Escucha previa + Escucha previa = no hay comunicación

Agatha te desafía: ¿qué puedes hacer para salir del túnel de la escucha previa?

-Darme cuenta, respondes.

-Excelente. Me gusta tu actitud.

A pesar de tu respuesta, los corales mágicos permanecen cerrados. Repites de nuevo en voz más alta, como en un eco "daaaaarme cueeeeenta de mis prejuiiiiiicios al escuchar". Nada ocurre.

Agatha toma una coralina y escribe sobre la arena la palabra "PREGUNTA" y el destello fluorescente de la última medusa ilumina exageradamente la palabra.

Entendiste el mensaje. Gracias, Agatha.

Te dices a ti mismo: debo hacer preguntas. Eso. Las preguntas. Las preguntas me ayudan a salir de la escucha previa y avanzar en la conversación. Elemental, Watson. Este podría ser un comentario de Turmalina. Odias reconocerlo, pero la estás echando de menos.

La generación de preguntas atinadas es lo que hace que una escucha sea de calidad. Más y mejores preguntas. Tomar conciencia de tus prejuicios. Es genial. Esa es la actitud. Ya lo entendí. Debo aprender a hacer buenas preguntas. Debo estar presente, chequear mis prejuicios y darle a mi interlocutor la oportunidad de escucharlo desde el presente, no desde lo que alguna vez fue o lo que nos sucedió.

Esta lección se va haciendo llevadera. ¡Y, de a poco, vas perdiendo el miedo a bucear en la escucha de profundidad!

Agatha se para frente a la compuerta y pregunta: ¿con qué estás comprometido cuando usas la escucha previa? ¿Cuál es tu compromiso cuando practicas la Escucha Previa? Elige la opción qué más te identifique.

Darle consejos a la persona	SÍ	NO
Hacerle conocer cuál es tu opinión	SÍ	NO
Validar cuánto sabes	SÍ	NO
Tener razón	SÍ	NO

¿Cuál eliges? Recuerda que el acto de distinguir (darte cuenta) es lo que abre la posibilidad de elegir. Y cuando ESTÁS A CARGO, puedes elegir desde qué compromiso escuchar.

Te invito a que salgas del Túnel de la Escucha Previa. ¿Cómo? Comprometiéndote a...

- acompañar con tu escucha sin juzgar
- indagar en las creencias del otro
- escuchar para saber más de tu interlocutor
- reparar en sus emociones y estados de ánimo

Excelente. ¡Has atravesado el Túnel de la Escucha Previa!

Suena tu beeper.

Ahora tienes herramientas para revisar tus comportamientos la próxima vez que te pesques a ti mismo practicando la escucha previa. La clave es estar presente. Registrar tu escucha previa te coloca en el presente y te dispone a silenciar tus prejuicios y entregarte al otro como lo que realmente es: un misterio al que solo puedes conocer a través de la indagación. Y para eso, le harás buenas preguntas (las preguntas abiertas son las mejores, ¿qué?, ¿quién?, ¿cuál?, ¿cómo?, ¿dónde?, ¿cómo?).

Y, tú, lector: recuerda la última vez que escuchaste desde tus preconceptos (escucha previa). ¿Qué preguntas podrían haberte sacado de esa posición?

____

____

____

____

El Túnel de la Escucha Recreativa

Para avanzar en el siguiente tramo del Parque Sumergido Orejas-Grandes, necesitas desarrollar una escucha más amorosa desde un estado mental de apertura y asombro.

El Túnel de la Escucha Recreativa se caracteriza por un silencio abrumador. En la Escucha Recreativa no das consejos, solamente prestas el oído y recreas lo que el otro te dice. Recreas lo que te está contando. Sientes sus emociones cuando la persona te habla. Esta escucha la puedes hacer, por ejemplo, para indagar a un colaborador respecto de cómo se siente frente a un conflicto con un compañero o a una baja en el desempeño o a sus expectativas de desarrollo de carrera.

Una estructura de bellísimos arrecifes de colores marrones, anaranjados y púrpuras asemejan una pared marina que ahora detiene tu avance. Recuerdas que el modo de activar la apertura es a través de preguntas. Miras a Agatha, que nuevamente lee tu pensamiento, y asiente. Entiendes que en el Túnel de la Escucha Recreativa escuchas sin dar consejos ni desafiar a tu interlocutor, sino buscando entenderlo más. De manera que se te ocurren unas cuántas preguntas. Intentas ir hacia delante, por eso dices en voz bien alta:

- ¿Qué más ocurrió?
- ¿Quiénes estaban presentes?
- ¿Qué te contestó entonces?
- ¿Qué sentiste tú cuando te contestó eso?

Para tu alegría, las coralinas y estrellas de mar se desplazan hacia los costados, dejando un vasto espacio a través del cual, iluminados por el farol mágico, caben Agatha y tú. Nadas con destino al siguiente y último tramo del Parque Sumergido Orejas-Grandes. Antes de pasar, Agatha te pregunta: ¿cuál es tu compromiso cuando practicas la Escucha Recreativa? Nuevamente, elige la opción qué más te identifique.

Estar en la misma emoción que la persona que habla	SÍ	NO
Indagar y aprender más acerca del otro	SÍ	NO
Recrear lo vivido por la otra persona	SÍ	NO

Amo la escucha recreativa, dice Agatha. Es la más humana de las formas de escuchar. Y una de las formas más palpables de ejercer la empatía.

La escucha recreativa facilita una conexión profunda entre las personas. Y esta particular forma de escuchar es valiosa en estos tiempos que corren en el Planeta Tierra. Estar disponible para acompañar al otro desde esta escucha es una perla, dice Agatha, y señala una concha marina con un reflejo lumínico en su interior.

Cuando ESTÁS A CARGO, practicas la Escucha Recreativa y generas un intercambio genuino que te permite tocar el corazón de aquellos con quienes te comunicas. Y eso tiene el valor de una perla preciosa. Aprender a escuchar recreativamente te permite ponerte en los zapatos del otro, y luego volver a los tuyos habiendo enriquecido tu mapa. Asientes y le preguntas a Agatha: ¿hay otras maneras de escuchar? Ella asiente y señala con su brazo hacia delante, para que retomen el desplazamiento.

El Túnel de la Escucha Comprometida

Es el último tramo de corales mágicos del Parque Sumergido Orejas-Grandes. ¿Estás listo para abrirlo con preguntas? ¿Cuáles te parece que son las que activan la escucha comprometida?

Son aquellas preguntas que van a localizar los motivos que están detrás de lo que la persona te dice. Son aquellas que haces para entender el para qué de tu interlocutor.

Las personas hablan para algo. Cuando practicas este nivel de escucha, te sumerges a más metros de profundidad. Exploras más allá del contenido (el qué) de lo que escuchas. Y llevas tu compromiso y atención al para qué la persona te dice lo que dice. ¿Qué creencias sostienen los dichos de tu interlocutor? ¿Cuál es su compromiso al hablar, independientemente de las palabras que dice? Entonces, ¿para qué te sirve la Escucha Comprometida?

- Para desafiar los juicios de la otra persona.
- Para potenciar al otro.
- Para entender qué persigue, qué la motiva, qué teme, qué desea que pase.

¿Te das cuenta de cuán importante es que tú, que ESTÁS A CARGO, tengas en claro los tipos de escucha?

Empiezas a encontrarle el sentido a las palabras épicas del capitán antes del bautismo de buceo. Esta aventura es trascendente en tu carrera como líder. Estás deseoso de abrir la próxima compuerta. Debes escoger las preguntas que te permitan indagar en el para qué de tu interlocutor. Vamos. Dispara tus preguntas de Escucha Comprometida, aprendiz.

- ¿A qué te refieres cuando dices.....?
- ¿Qué significa .... para ti?
- ¿Qué hace que .... sea importante para ti?
- ¿Qué necesitas de ti para hacer ....?
- ¿Para qué sostienes esta situación?
- ¿Cómo puedo acompañarte?

¡Excelente!

Las bellísimas compuertas de corales se abren. Sientes una gran satisfacción, porque tienes más herramientas para mejorar tu comunicación con los demás. Esta experiencia de Buceo a la Escucha de Profundidad más lo que has aprendido en la Feria de Habilidades te llena de confianza para el ejercicio del liderazgo.

Y, tú, lector, prepárate para poner en práctica la escucha comprometida. La próxima vez que quieras conectar con el compromiso con el que la persona habla (escucha comprometida), ¿qué preguntas podría hacerle para acceder a su *para qué*?

El terror de las medusas

Tus habilidades de escucha mejoran notablemente en la medida en la que esquivas correctamente a las temidas medusas que amenazan la calidad de tu escucha. Mejoras tu disposición a escuchar al otro si tomas conciencia de los prejuicios que te condicionan.

Cuando haces las preguntas necesarias para recrearte junto al otro, sin juzgarlo, sin ofrecerle soluciones ni aconsejar, es cuando sales de la escucha previa. Y, una vez que todo aquello te resulta conocido, podrás dirigir tu compromiso para escuchar con el objetivo de conocer en profundidad los motivos y desafiar las creencias de los demás.

De esta manera, dice Agatha, hemos terminado nuestro buceo. Sientes una alegría enorme al flotar otra vez en la superficie. Te quitas la máscara. Te aferras bien fuerte a la soga con la que estás siendo elevado hacia la proa del barco por el marinero gentil. Ahora, más preparado para ofrecer tu escucha con entrega, pones tus dos piecitos en tierra firme. Juan y Turmalina te saludan complacidos. El marinero gentil, tras felicitarte, te acerca el beeper, y lees:

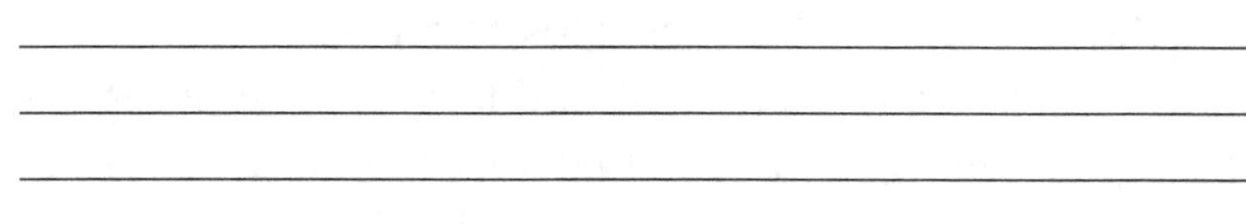

FELICITACIONES. La escucha profunda abre las compuertas al corazón mismo del liderazgo: el conocimiento del para qué del otro. Por tu hazaña te has hecho acreedor de 100 *snail coins* de plata.

Juan: ¡Estamos tan orgullosos de ti! ¿No es cierto Turmalina?

Turmalina: Bueno, yo no sería taan sentimental. Peero debo reconocer que un poco, muy poco para ser honesta, me alivia saber que pudiste esquivar a las medusas, aprendiz.

No perdamos más tiempo. En marcha, que nos espera un largo camino.

Y, tú lector, ¿te has identificado con alguno de los tres tipos de escucha? Te invito a generar espacios de reflexión donde distinguir cuál es tu compromiso al escuchar. Y ya sabes, ten mucho cuidado con las medusas, que si pican tu escucha, arderá tu liderazgo.

Un largo camino hacia dónde, Turmalina, ¿me puedes decir?

Agatha desaparece mágicamente, pero no sin antes rematar: ahora, a descansar.

Mañana demostrarás de qué estás hecho. Demostrar lo que has aprendido será tu próximo desafío, aprendiz.

CAPÍTULO 12

La Invocación a los Tótems

Hoy aplicarás lo que has aprendido en la Ciudadela de la Comunicación, en la Feria de Habilidades y en la Escucha de Profundidad.

Reto tras reto, a lo largo del *challenge* ESTÁS A CARGO, tú, aprendiz de líder, te has ido acercando cada vez más a tu objetivo: adoptar un habla responsable. Y has demostrado tu comprensión de que liderar implica conversar asertivamente para coordinar acciones con los demás.

Ahora ha llegado el momento de que te enfrentes comunicacionalmente con la temida Montaña Parlante. Esta será una conversación verdaderamente difícil, ya que deberás convencerla de que no destruya a los seres humanos. Que, de verdad y sinceramente, ustedes pueden transformarse en líderes y reemplazar a los jefecitos que solo saben mandar en el mundo del trabajo.

Yo enfrentaré a la Montaña Parlante, dices con decisión. Si es que ella quiere conversar conmigo... Te sientes tan ridículo al escucharte. Si la semana pasada te hubieran dicho que hoy te estarías preguntando si una montaña quiere hablar contigo, dirías que están todos locos. Pero desde que completaste la ficha de salud y embarcaste al Castillo Caracol, no estás saliendo de tu zona de confort. ¡Estás dinamitando tu racionalidad! Temes dejar de ser una persona lógica.

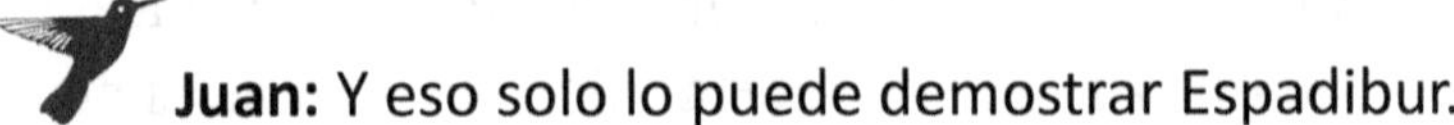 **Turmalina:** No, no. No se trata de que ella quiera, sino más bien de que tú demuestres ser digno de conversar con ella.

Juan: Y eso solo lo puede demostrar Espadibur.

La profecía es clara, dice Agatha. Solo podrá conversar con la Montaña Parlante quien sea digno de sacar a Espadibur de la roca donde se encuentra incrustada. Espadibur es una espada mágica que protege a su dueño y que tiene muchos poderes. Solo blandiendo a Espadibur con tu mano derecha podrías llegar a permanecer de pie parado frente al magma de la Montaña Parlante. Espadibur fue forjada con un metal encontrado en un meteorito caído en la ladera de la Montaña Parlante. Un maestro herrero halló este metal y durante días y noches trabajó incansablemente hasta crear la espada más poderosa que se haya forjado jamás. Si eres digno de la emblemática Espadibur, podrás enfrentar a la Montaña Parlante y pedirle un cambio: que no erupcione.

Debes demostrar tu valentía (una habilidad bastante poco valorada por estos días) para poder enfrentar a la montaña, decir lo que necesitas y hacerlo de manera que ese acto abra posibilidades. Claro que habrá que ver si tu mente y tu corazón están alineados para sacar a Espadibur de la piedra sobre la que flota en el río de las Hadas.

Lo mismo ocurre cuando ESTÁS A CARGO: debes tener la valentía de decir uniendo la razón y el corazón. ¿Cuántas relaciones laborales se terminan por cosas no dichas? ¿Cuántos problemas organizacionales se deben a que la confianza se ha roto pero las partes no lo pueden decir? ¿Cuántas personas generan estados de ánimo de resignación por la falta de conversaciones? Cuando ESTÁS A CARGO, la valentía en tu decir las cosas de modo suave pero firme es muestra de la nobleza de tu corazón, mi querido aprendiz.

Yo lo intentaré, Agatha. Conversaré con la Montaña Parlante y le pediré clemencia en nombre de toda la humanidad de aprendices de líder que merecemos una oportunidad de hacerlo mejor que nuestros predecesores: los jefecitos.

Excelente, dice Agatha. Entonces partamos al río a buscar la piedra flotante sobre la cual está incrustada Espadibur.

Turmalina: ¿Estás seguro de querer arriesgar así tu vida? Solo para chequear que hayamos sido claros… Deberás estar parado frente a un volcán enfurecido ¿te das cuenta de eso?

Tragas saliva y sientes el peso sobre tus hombros. Dices: sí, lo entiendo.

Para llegar al río deberemos atravesar el Bosque de los tótems, a quienes aprenderás a invocar.

¿Qué es un tótem?

Es un arquetipo que representa un estilo de liderazgo. ¿Qué define tu estilo de liderazgo? ¿Lo que mejor te sale o habrá otras variables en juego? Necesitarás poder discernir a cuál tótem invocar según el momento de evolución de tu equipo, dice Agatha, y te entrega el *beeper* que ayer dejaste en el barco.

Cuando ESTÁS A CARGO, lideras en función de lo que tu equipo necesita (no de lo que tú prefieres). Aprenderás a invocar al tótem correcto y a recibir su poder para accionar de acuerdo a lo que la circunstancias te demanden.

Todos los tótems son arquetipos que representan distintos tipos de liderazgo. El contexto y las necesidades que tu equipo tenga definirán a cuál tótem le pedirás guía. Incluso, a veces necesitarás invocar a varios a la vez.

En el ejercicio de tu liderazgo, habrá personas que necesiten que les enseñes la tarea y los criterios; otras, que les ayudes a mejorar. Cuando se hayan vuelto especialistas, el reto será mantenerlos incentivados y que puedan integrarse a un verdadero equipo, ya que, en las organizaciones jengibre, nadie logra los objetivos solo. Incluso las estrellas forman constelaciones, así que ser *senior master* en un área no es excusa para no poder trabajar en equipos multidisciplinarios, sino más bien todo lo contrario. Llegado ese momento, deberás lidiar con equipos de alta performance y deberás saber cómo desafiarlos.

Incluso las mismas personas pasan por distintas etapas. ¿Recuerdas la carta de consentimiento? Cuando las personas trabajan juntas, suele haber conflictos. Es natural en la vida organizacional. A partir de que ESTÁS A CARGO, deberás lidiar con la materia más compleja que hay en Planeta Tierra: el ser humano.

Sí, sí, lo recuerdo. Lo tengo biennnn presente, dices, y haces una mueca de disgusto.

 **Turmalina:** Ya suenas como yo, eh aprendiz. Empiezas a caerme bien.

¿Te estás contagiando de la acidez de Turmalina? Ese pensamiento te deja inquieto.

Agatha continúa con su explicación: el equipo necesita que tú, como líder, respondas de distintas maneras conforme a la madurez que tiene en la ejecución de la tarea y el nivel de desarrollo de su habilidad para sortear los obstáculos.

Pero, ¿cómo sabré qué tótem invocar en cada contexto, Agatha?

Turmalina: El chiste es darse cuenta, aprendiz.

Juan: Darse cuenta y accionar, Turmalina.

Pero vamos paso a paso, dice Agatha.

La invocación de los tótems

El camino hacia la Isla de la Montaña Parlante, a unos 20 kilómetros de aquí, tiene una cantera verde que se extiende por las laderas de un antiguo volcán. Es un sitio frondoso lleno de misterio, de luces y de sombras, que puede resultar sombrío si no sabes cómo guiarte. ¿Ves esa ladera llena de vegetación y colores? Bueno, de allí extrajeron los antiguos habitantes la piedra con la que realizaron los tótems, gigantescas estatuas de piedra verticales que pueblan la isla, y que permanecen siendo un misterio. Estos colosos tallados en piedra han vigilado la isla donde los aprendices de líder vienen a terminar su iniciación desde tiempos inmemoriales.

Cuando te pares frente a cada uno de los tótems, les rendirás honores y pedirás su guía. Si conectas con ellos desde la humildad, te otorgarán un mantra. Atesora cada uno de esos mantras. Los necesitarás para motivar a tu equipo cuando las condiciones así lo requieran.

Ya han pasado un par de horas de caminata. Refréscate con tu cantimplora y apura el paso, aprendiz, dice Agatha, mientras Juan vuela cerca de tu oreja.

Juan: Qué emoción. ¿Estás nervioso?

Le pides a Juan un consejo para caerles bien a los tótems. ¡Quiero mostrarme respetuoso y humilde!, dices. ¿Qué me aconsejas hacer, Juan?

 **Turmalina:** ¡Qué gracioso eres, aprendiz! Ninguno de nosotros dos los ha visto jamás.

Solo los aprendices, al entrar en meditación en ese claro del bosque con el sol del mediodía, pueden percibir a los tótems y recibir su guía.

Ya estamos listos. Es aquí. Hemos llegado al claro del bosque donde se producen las apariciones de los tótems. Hacemos una ronda y aquietamos la mente. Estaremos aquí. Te acompañaremos, pero no seremos capaces de oír ni de ver nada. Ahora vamos a llevar nuestra atención a la respiración y a cerrar los ojos. Nos ponemos en presencia de los tótems cuando ellos lo dispongan.

 **Juan:** Psst. El paso adelante. Te dijimos que tienes que dar un paso adelante, aprendiz.

Turmalina: Ya empezaste mal.

Juan: No olvides inclinarte en señal de reverencia.

Ahora abre los ojos y acercarte al primero de los tótems. Aquí y ahora, recibes el mensaje. Conforme vayas recibiendo el mantra, avanza hacia el siguiente tótem, hasta haber completado los seis. ¡Enhorabuena! Conéctate.

	TE DARÉ PODER PARA	INVÓCAME CUANDO	TE PERMITIRÉ
YO SOY EL TÓTEM DE LA EJECUCIÓN **Aquí tienes tu mantra:** *Cuando controlas de cerca a un equipo nuevo, proteges la calidad de la ejecución.*	•Enseñar tu propio modo de hacer las tareas. •Explicar qué hacer y por qué se debe hacer así. •Mostrar cómo hacerlo. •Controlar que sea hecho de ese modo (sin aceptar cambios todavía). •Corregir de ser necesario. •Estar presente durante la ejecución. •Acompañar los aprendizajes y la inducción de las personas nuevas.	•Ingresa gente nueva a tu equipo. •Las personas de tu equipo son *junior* o nuevos en la tarea. •Las personas son nuevas en el área aunque tengan antigüedad en la organización. •Hay situaciones de crisis o de cambio.	•Dar seguridad. •Establecer una dirección clara. •Proteger la ejecución mientras la gente aprende a ejecutar la tarea de acuerdo a tus expectativas. •Garantizar una eficaz adecuación de la persona a la tarea, al equipo y a la organización.

	TE DARÉ PODER PARA	INVÓCAME CUANDO	TE PERMITIRÉ
YO SOY EL TÓTEM DE LA FORMACIÓN **Aquí tienes tu mantra:** *Cuando desafías a un equipo con experiencia, promueves su maestría.*	•Ayudar a tu equipo a localizar el aprendizaje que surge de los errores. •Conocer los criterios con los que el equipo toma las decisiones. •Desafiar su sistema de creencias. •Aceptar sus propuestas de mejora (ahora sí). •Enseñar cuáles son tus criterios para establecer prioridades y fundamentarlos.	•Alguien que ejecuta las tareas muy bien y de modo autónomo comete errores o encuentra problemas para la ejecución. •Necesitas probar la capacidad que tiene alguien de hacer buenos diagnósticos de problemas. •Aparece la necesidad de revisar los criterios que aplican los equipos. •Es momento de revisar actitudes.	•Dar *feedback* correctivo. •Establecer tus expectativas de mejora. •Corregir. •Hacer preguntas que inviten al otro a escucharse. •Dar más libertad de ejecución.
YO SOY EL TÓTEM DE LA ASPIRACIÓN **Aquí tienes tu mantra:** *Cuando señalas el camino, el equipo puede prepararse para caminar.*	•Proyectar al equipo en el tiempo. •Atreverte a esbozar una idea acerca del futuro de tu área en base a las oportunidades y amenazas del contexto. •Comunicar al equipo cómo es esa visión que tienes. •Esbozar un plan junto a él. •Prever acciones para desarrollar las habilidades.	•El equipo carece de esperanza en el futuro. •Necesitas crear talentos nuevos. •Tienes personas expectantes por crecer en el corto plazo.	•Construir futuro. •Crear potencial. •Que el equipo se anticipe y esté listo. •Crear proyectos nuevos en fase piloto.

	TE DARÉ PODER PARA	**INVÓCAME CUANDO**	**TE PERMITIRÉ**
YO SOY EL TÓTEM DE LA SENSIBILIZACIÓN **Aquí tienes tu mantra:** *Cuando tú te abres, ellos sienten ganas de abrirse también.*	•Habilitar al equipo a poner sus emociones en palabras. •Conocer cuáles son sus preocupaciones. •Contar historias personales que te permitan darte a conocer desde una faceta más humana. •Propiciar la empatía.	•El equipo se sienta frustrado por los resultados. •Cuando surjan conflictos de relación. •Cuando el equipo está trabajando en piloto automático. •Antes de que el estado de ánimo se vuelva de resignación.	•Diagnosticar el estado de ánimo del equipo. •Aliviar al equipo al habilitar la manifestación de las emociones. •Mostrarte como un líder vulnerable. •Habilitar el capaz-no-sale pero vamos-a-hacerlo. •Evitar el desgaste y el agotamiento.
YO SOY EL TÓTEM DE LA PARTICIPACIÓN **Aquí tienes tu mantra:** *Cuando les consultas, ellos se comprometen con la decisión tomada.*	•Buscar que todo el equipo se comprometa con la solución de un problema que es común a todos. •Evitar que una solución sea resistida por quienes no se sienten parte del proceso de búsqueda de la solución. •Propiciar el consenso, el acuerdo o el apoyo general a una idea que es mayoritariamente aceptada.	•El equipo sienta que los problemas comunes no le pertenecen. •Quieras conocer los criterios de cada miembro del equipo. •Necesites que hagan acuerdos y que los sostengan. •Necesites involucrar al equipo en el proceso de búsqueda de solución.	•Organizar reuniones en las que todos los miembros del equipo opinen. •Escucharlos a todos sin juzgar. •No dar tu opinión. •Moderar para llegar a conclusiones. •Pedir el compromiso con la solución que el equipo elige. •Demostrar que todas las opiniones son válidas.

	TE DARÉ PODER PARA	INVÓCAME CUANDO	TE PERMITIRÉ
YO SOY EL TÓTEM DE LA ESPECIALIZACIÓN **Aquí tienes tu mantra**: *Cuando confías y los dejas hacer, ellos sobresalen.*	•Liderar a un equipo de *elite*. •Dejar a los especialistas hacer con libertad. •Exigir una alta performance de modo constante. •Llevarlos hacia la excelencia. •Propiciar la innovación. •Ayudarlos a trabajar su ego para brillar junto a otros. •Acompañar la creación de constelaciones conformadas por estrellas. •Inspirarlos a crear nuevos líderes siendo referentes técnicos.	•El equipo tiene mucha experiencia en las tareas. •El equipo mantiene altos estándares de desempeño de modo sostenido. •Cuando en lo técnico saben incluso más que tú. •Cuando los miembros trabajan bien individualmente y quieres que trabajen en equipos de alto rendimiento.	•No estorbar en el trabajo de los especialistas. •No sofocar. •Ejercer la presión justa para mantenerlos motivados. •Desafiar sus mentalidades individualistas. •Mostrarles que pueden llegar aún más lejos. •Formar nuevos líderes.

Suena el *beeper* y lees:

Si sabes a cuál tótem invocar, ellos te brindarán el poder de motivar al equipo.

Tus propios tótems

Los tótems enseñan a los líderes que el estilo de liderazgo correcto es aquel que responde a las necesidades del equipo. Y esto tiene que ver con el grado de madurez en el dominio de las tareas, los criterios que sustentan los comportamientos y la resiliencia para hacer frente a las dificultades.

Y, tú, lector, ¿qué tótems invocas más frecuentemente? Descúbrelo. Para ello, elige cuán identificado te sientes con las siguientes frases.

Luego, cierra los ojos y vuelve a conectar con ellos. ¿Estás invocando al tótem/los tótems correctos de acuerdo a las necesidades de tu equipo?

Si lo estás haciendo, ¡FELICITACIONES!

Turmalina: De lo contrario, ya sabes lo que tienes que hacer.

Juan: Turmalina, el lector no tiene-que. Nosotros no le decimos al lector qué tiene que hacer.

Turmalina: Bue, en fin... No tienes-que pero si sabes lo que te conviene, más vale que invoques al tótem indicado.

Cuando estoy a cargo...	La frase me representa...
1. Oriento al equipo para que comprenda cuál es el valor de su trabajo y cómo contribuye al todo.	1 – 2 – 3 – 4
2. Me impaciento cuando el equipo no resuelve los problemas y tiendo a resolverlos y a asumir las responsabilidades en forma personal.	1 – 2 – 3 – 4
3. Establezco relaciones con mi equipo que van más allá del trabajo. Me ocupo de saber acerca de sus expectativas y objetivos vitales.	1 – 2 – 3 – 4
4. Escucho las propuestas de mi equipo y, siempre que puedo, las implemento para que se apropien de la solución.	1 – 2 – 3 – 4
5. Apoyo emocionalmente a mi equipo cuando sé que alguien está atravesando por una situación personal negativa.	1 – 2 – 3 – 4
6. Doy instrucciones exactas para realizar las tareas y me gusta que el equipo las haga exactamente como lo dije, sin desvíos. Luego, controlo que así sea.	1 – 2 – 3 – 4
7. Proporciono *feedback* frecuentemente porque sé que así ayudo al equipo a identificar lo que está haciendo bien y lo que necesita mejorar.	1 – 2 – 3 – 4
8. Realizo reuniones grupales donde propongo conversar acerca de los problemas y escuchar las ideas del equipo para acordar posibles soluciones con las que todos se comprometan.	1 – 2 – 3 – 4
9. Exijo al equipo para que tenga un nivel muy alto de rendimiento en forma constante.	1 – 2 – 3 – 4
10. Comparto abiertamente mis emociones con el equipo, especialmente las que me muestran como un líder vulnerable.	1 – 2 – 3 – 4

Si después de contestar sientes que estás usando el poder de los tótems del modo adecuado al contexto y a la necesidad del equipo, entonces continúa rindiendo honores al tótem y pídele guía. Si después de contestar sientes que precisas invocar a algún otro, por favor, hazlo sin dudar. Ellos siempre responden.

Suena el *beeper*.

Beeper: Los tótems representan los distintos estilos que necesitarás manifestar a través de tus comportamientos como líder. Primero, evalúa el contexto, y luego invoca a los tótems en función de lo que tu equipo necesita. Estar al servicio del equipo implica ser una oferta de valor según el contexto. Cada uno de estos tótems guiarán los distintos estadios de conformación de los equipos en función de la madurez en el dominio de las tareas.

CAPÍTULO 13

La Montaña Parlante

Sientes mucha paz tras haber recibido los mantras de cada uno de los tótems.

Agatha dice que deben avanzar y adentrarse en el bosque para llegar a la costa del río antes de que caiga la noche. Espadibur revelará hoy si eres el elegido para conversar con la peligrosísima Montaña Parlante y evitar que erupcione. Andando. ¿Evitar que que-qué?, preguntas y tragas saliva.

Turmalina: ¿No te estarás enterando en este minuto que la Montaña Parlante es un volcán, no?

Tu cara de espanto lo dice todo. A ver... lo habías escuchado, pero siempre pensaste que era una montaña escarpada y difícil de escalar, típica del Cenozoico, la Cordillera de los Andes, esas cosas, nada te hizo pensar en tener que estar ahí mismo parado donde arde el magma. Ya entiendes por qué hablaban de la destrucción del mundo del trabajo. Te parecía dramático, pero bueno, ¡son seres mágicos! ¡Supusiste que gustaban de lo épico! Pero, ¡eres demasiado joven para morir así achicharrado!

Turmalina: En efecto, si lo que dices no le agrada, te arrojará rocas, gases tóxicos, cenizas y lava a mil grados de temperatura. Pero eso es todo. ¡Tampoco exageres!

Juan: Pero… No te olvides que tendrás a Espadibur. La espada mágica mantiene a su dueño con vida y lo cura.

Miras a Juan y respiras profundo. Aunque el volcán te da terror, ahora necesitas concentrarte en la caminata ladera abajo. No sabes si la ceremonia te dejó demasiado extenuado o si los seres mágicos realmente son veloces, pero te cuesta seguirles el ritmo. El bueno de Juan parece notar tu cansancio y te alcanza un puñado de frutos secos, mientras Turmalina insiste en que tomes agua. Sientes las piernas flojas por el tiempo que estuviste en posición de reverencia frente a cada tótem. Avanzas decidido, pero te enredas, trastabillas y caes por la ladera. Te rasgas el pantalón y aparecen, a la altura de las rodillas, unas heridas leves. Te arde mucho y sientes vergüenza. Secas las gotitas de sangre con la tela que rasgaste del pantalón, sin frotar, haciendo suaves toques sobre la lesión de la piel. Agatha nota que está saliendo un poco de sangre y aplica un antiséptico mágico que sirve para desinfectar la herida.

 **Juan:** ¿Estás bien, aprendiz?

Contestas que sí, aunque las rodillas te arden mucho. Sientes ganas de maldecir, de pegar, de gritar, de llorar. Pero te callas. Y te limitas a decir: no es nada, no pasó nada, estoy bien.

Agatha te lee el pensamiento. ¿Te duele? Estoy bien, dices de inmediato lleno de vergüenza. No pasó nada, en serio. Sigamos.

Sientes que, de alguna manera, esto tiene que ver con Espadibur. Quieres mostrarte valiente, decidido, y sobre todo muy fuerte para que la espada mágica te reconozca digno de ella.

Agatha invita: vamos a detenernos aquí, en la ladera, para dejar un rato tu herida al aire secándose.

¿Escuchaste hablar de la empatía? Sí, respondes. Es la capacidad de ponerse en el lugar de otro. Sí, así la llaman ustedes, contesta Agatha. Pero, ¿sabes?, nosotros consideramos que pedirle eso a los líderes es pedirles demasiado. Primero, porque ponerse en el lugar de otro literalmente duele. Hay estudios hechos con resonadores por profesionales de las neurociencias que demuestran que el dolor emocional enciende las mismas zonas del cerebro humano que se encenderían si la persona estuviera siendo sometida a quemaduras físicas. Además, pretender que los líderes sean empáticos es peligroso, porque no podrían tomar ciertas decisiones propias del rol. Es, por ende, una demanda que produce algo que se llama estrés por exceso de empatía. Y segundo, hay algo curioso respecto de la empatía, y es que suele ser más fácil empatizar con personas que tienen valores similares a los tuyos. Pero hacerlo con quienes actúan de un modo contrario a tus valores es mucho más difícil. Sin embargo, es cierto que cuando ESTÁS A CARGO necesitarás aprender a hacer una pausa y darle lugar al dolor propio o ajeno, antes de accionar hacia una solución. La pausa te permite percibir.

Momento DUELE

Lo que necesitan los líderes no es sufrir con los demás, sino conectar con lo que la gente siente y adecuar su conducta. Para ello, la pausa es necesaria para poder sentir, como hicimos nosotros ahora que te resbalaste y raspaste las rodillas, dice Agatha.

Al igual que en la vida cotidiana, la presión por llegar a la meta, en nuestro caso el río antes del anochecer, hace que desoigas tu dolor, te digas "aquí no ha pasado nada" y resuelvas. Eso no es nada empático. Por suerte, tu herida no ha sido grave. Pero eso no significa que no te duela.

Momento DUELE: parar, detener la acción. Sentir el dolor propio o el ajeno. Ponerle palabras para que ese dolor tenga entidad. Recién después, avanzar hacia la resolución.

Este hábito desarrolla en los líderes la capacidad de vivir las emociones. Y te permitirá conectar contigo mismo de un modo más sustentable. Recuérdalo cuando estés frente a Espadibur. La espada reconocerá como legítimo portador a alguien con valentía. Y hay que ser muy valiente para habitar el dolor propio y acompañar a otros (aunque sea brevemente) en sus momentos de dolor, frustración, vergüenza, desánimo, ira, vulnerabilidad, pérdida.

Cuando ESTÁS A CARGO eres valiente porque haces esa pausa, dejas que el dolor tenga un espacio y le pones palabras. Y eso, mi querido aprendiz, de veras te conecta con los demás.

Y, tú, lector, ¿cómo te llevas con los Momentos DUELE? ¿Puedes hacer esa pausa y decir (me) DUELE o (te) DUELE? Recuerda la última vez que alguien te contó una situación personal que le dolía, preocupaba o aquejaba. ¿Qué sentiste? ¿Qué sentía la persona? ¿Sientes que pudiste conectar con el MOMENTO DUELE?

____

____

____

____

____

Juan: Si no pudiste, no pasa nada. La próxima vez, lo harás mejor.

Algunos tips para conectar con el Momento DUELE:

- No interrumpir la descripción que la persona hace ni querer consolarla.
- Mantener unos segundos de silencio suele ser más útil para acompañar.

- Decir cosas como: "siento mucho que estés pasando por esto", "no sé cómo ayudarte pero estoy aquí para lo que necesites", "debe ser muy difícil para ti", "gracias por compartirlo conmigo".

Juan: ¿Estás en condiciones de seguir? Vamos, despacio.

Turmalina: Juan, tampoco nos sobra el tiempo, digo. No quiero ser taaan antipática, pero...

Turmalina tiene razón. Los últimos rayos del sol dibujan unas formas angulosas de color tiza sobre el cielo. Divisas en el río la piedra flotante que tiene incrustada a Espadibur. Se te acelera el pulso. Agatha y Juan acercan la piedra hacia ti. Este es el momento cúlmine en el que te darás cuenta si puedes o no. ¿Serás digno? ¿Qué se supone que significa eso? Todo esto es una locura. Aun así, te posicionas frente a ella y te invade un gran sentimiento de inseguridad. Recuerdas la lección del Triángulo de las Dudas y te dices a ti mismo: tengo-recursos-tengo-recursos. Apoyas la mano izquierda sobre los musgos que recubren la roca como un manto.

Agatha dice que empuñes la espada con el corazón para que sea la fuerza de tu intención de salvar al mundo lo que te haga digno de ella. Piensas que el mundo del trabajo merece una oportunidad, pero además deseas sentirlo. DUELE. El accionar de los jefecitos ha causado y causa mucho dolor. Personas que ya no creen en las organizaciones. DUELE.

Duele ese descreimiento. Los jefecitos han generado mucho dolor, sí. La Montaña Parlante tiene razón de querer acabar con estas prácticas. Sientes el peso de la desmotivación, de los estados de ánimo de resignación, de tanta gente yendo a trabajar todos los días solo por obligación. Eso te da tristeza. No es justo. Podemos. Juro que podemos hacerlo mejor. Nosotros, quienes queremos, quienes deseamos transformarnos, nos comprometemos a ser líderes (no jefecitos).

Empuñas la mítica espada que tiene la capacidad de curar y de proteger a su dueño y te decides a evitar que la Montaña Parlante erupcione y termine con el mundo del trabajo. ¡Ahora!, dices, y empuñas la espada. Te sientes como uno de los caballeros de la Mesa Redonda en el medioevo.

Juan: Ay, no sé si los colibríes podemos llorar, ¡pero siento que este sería un momento ideal para hacerlo!

Turmalina: Ay, por favorrrrr. Yo que Espadibur, no lo reconozco por cursiiiiiiii.

Para tu enorme sorpresa, Espadibur cede y sale fácilmente de la piedra donde ha estado incrustada. Las piedras preciosas labradas en su empuñadura desprenden haces de color y su vaina brilla como treinta antorchas.

– Aquel que consiga liberar esta espada mágica de su roca, será el legítimo aprendiz que pueda conversar con la Montaña Parlante. ¡Espadibur lo confirma! ¡Eres el elegido!, dice Agatha, y aplaude de emoción.

Ahora sí estarás protegido para enfrentar la próxima prueba.

Vamos, tomémonos de las manos. Volar con Agatha es algo a lo que ya te vas acostumbrando. Por nada en el mundo dejes a Espadibur. Ella y sus poderes te mantendrán vivo para poder soportar los 800°C de temperatura que sentirás dentro del volcán. Cuídate.

Una conversación difícil

Difíciles son las conversaciones que no se diseñan, porque se tienen en transparente. Y cuando eso sucede, las emociones te pueden jugar una mala pasada.

El arte de llevar adelante conversaciones que no tienen foco en lo operativo es diseñarlas para que abran posibilidades y no las cierren, generando por ejemplo una pelea. Las conversaciones a las que nos referimos son las de construcción de confianza, las de dar y recibir *feedback*, las negociaciones, las de pedidos de cambio.

¿A qué nos referimos con cerrar posibilidades? Si la persona con la que quieres conversar se ofende, o si la conversación deviene en una discusión, sacarás la conclusión de que era mejor no decir nada. Y, ¿sabes qué? Tendrás razón. Por eso, hay que cuidar el entorno, pensar en cuáles son los hechos que fundamentan tus dichos, qué emociones se te juegan y dejar que el otro hable también. Luego, llegará el momento de ir avanzando en una conversación donde haya equilibrio entre hablar, decir y preguntar. La idea no es que hagas un monólogo, como bien aprendiste en la Ciudadela de la Comunicación, sino que dialogues.

De manera que, para que la conversación abra posibilidades, tu habla debe ser inofensiva. IN OFENSIVA (sin ofender al otro). Es decir, debes mantenerte bien atento para que tu conversación no sea asesinada por alguno de los graves peligros.

⚠️ PELIGRO #1

Meterte con la identidad de la persona.

No digas cosas como: "eres mal compañero", "eres desprolijo", "no trabajas en equipo".

⚠️ PELIGRO #2

Igual de nocivo es atribuir intenciones a los comportamientos del otro.

No digas: "esto lo haces a propósito", "esto lo haces porque...".

⚠️ PELIGRO #3

Muchas conversaciones se vuelven difíciles porque usas palabras terminantes.

No digas: siempre, nunca, todos, ninguno y sus variaciones.

⚠️ PELIGRO #4

No invoques la opinión, los dichos o los juicios de personas que no están presentes.

⚠️ PELIGRO #5

No hables sin parar. Da lugar al otro.

⚠️ PELIGRO #6

No tengas la conversación en cualquier lado. Que el lugar sea el adecuado (sin interrupciones ni ruidos y preferentemente neutral).

⚠️ PELIGRO #7

No empieces a conversar sin antes avisar que el tema de la conversación sale de lo habitual.

Todo pasa en una conversación

Ok. Muy bien, ¿entonces por dónde empiezas? Agatha dijo que por nada del mundo soltaras a Espadibur. Nunca. Jamás. Es tu protección. Así que, con mucha decisión, blandes la espada con tu mano derecha y gritas bien fuerte:

¡Montaaaña! He venido a conversar.

Aquí estoy. Mira. ¿Ves? Tengo a Espadibur. Soy el elegido. Se que estás enojada con los jefecitos. Pero vine para evitar que termines con el mundo del trabajo.

La Montaña te arroja pesadas rocas y las cenizas volcánicas no te dejan ver nada. Espadibur te protege del daño que pueden producirte las piedras. Sales despedido por una fuerza sobrehumana y caes en la ladera, donde Agatha, Juan y Turmalina te preguntan qué pasó.

No pude, dices con desconcierto.

Las conversaciones difíciles son como grandes montañas escarpadas, complejas de escalar. Por eso debes prepararte antes, prestar mucha atención y no saltearte las distintas etapas, porque un paso en falso podría significar la caída. La efectividad de una conversación, al igual que una escalada, es directamente proporcional al tiempo que le dedicas a su preparación.

El diseño de la conversación es una etapa individual. Consiste en preparar un conjunto de información necesaria para escalar en la conversación. Para encararlo, debes:

- Recabar hechos observables que fundamenten tus juicios.
- Ordenar la información de lo ocurrido.
- Mantenerte lejos de los PELIGROS que mencionamos antes.

Es importante que primero de todo te plantees cuál es el objetivo. Es decir, donde plantarás bandera. ¿Para qué quieres conversar, aprendiz? El resultado debe estar claro desde el diseño. Sé muy sincero respecto a tu compromiso comunicacional.

¿Quieres informar? ¿Quieres escuchar para entender el punto de vista? ¿Quieres decir lo que te pasa? ¿Necesitas hablar de la confianza? ¿Pedir un cambio? Algunas metas posibles:

Que la persona:

- sepa cómo te sientes (conversación de dar cuenta)
- te diga lo que piensa (relevamiento)
- mejore la confianza (de construcción de relación)
- acepte tu propuesta (de venta de una idea)
- cambie un comportamiento (de pedido)

Piensas que nunca conversaste con una montaña, pero sientes que esta vez deberás prepararte mejor y hacer algunos cambios. Y eso empieza por la escalada. Te agradezco, Agatha, que me llevaras volando, pero creo que esta vez tengo que escalar solo e ir avanzando etapa por etapa.

Excelente, contesta. Valoro tu estrategia.

Bien. Entonces. Mi para qué es pedirle a la Montaña que no erupcione.

Agatha te corrige: te recomiendo que siempre enuncies los pedidos desde lo positivo.

Sí. Tienes razón. Suena mejor. Bien. En positivo. Mi para qué es pedirle a la Montaña Parlante que me dé a mí y a todos los aprendices de líder una oportunidad. Una oportunidad de transformar las organizaciones con el ejercicio de un liderazgo diferente.

¡Bravo!

El encuadre

Entre la meta y la conversación misma debe existir una instancia de encuadre. En el mundo del trabajo, tan atiborrado de reuniones, las variables que forman parte del contexto son críticas para asegurar el éxito de la conversación. Es muy importante que cuides el espacio donde va a suceder. No la tengas en un lugar de paso, en la cocina, en un pasillo. Cuida el lugar, porque los sitios le dan un encuadre de cuidado al tema del que se va a conversar. Procura que no haya interrupciones.

Turmalina: Y no des por sentado que la persona se puede quedar en la conversación. No hay nada peor que hacer el planteo y que la persona se tenga que ir a los dos minutos.

Juan: Preparar el entorno incluye asegurarte de que la persona pueda permanecer en la conversación, que no sea interrumpida y que no haya extraños merodeando.

Recién ahí, cuando hayas corroborado que el encuadre es el adecuado, prepara a la persona para lo que viene: una conversación que sale de lo habitual, de lo operativo, de lo transaccional. Hazlo saber.

Puedes decirlo de estas formas:

- Hace tiempo que nos debemos una conversación más profunda.
- Me gustaría plantearte cómo me siento con una situación.
- Quisiera conocer tu punto de vista respecto de un tema.
- Estamos trabajando hace unos meses, quisiera que pudiéramos hablar de cómo venimos.

Dices que vas a practicar.

Excelente, aprendiz. La práctica es muy útil. No hay habilidad que no mejore con la práctica.

¡Montaaaña! He venido a conversar. Aquí estoy. Mira. ¿Ves? Tengo a Espadibur. Soy el elegido. Soy un aprendiz de líder. Estoy haciendo el *challenge* ESTÁS A CARGO.

Quisiera conversar contigo del mundo del trabajo y del comportamiento de los jefecitos. ¿Puedes escucharme unos minutos? Para mí sería importante.

Cierras los ojos esperando las cenizas volcánicas. Pero nada sucede. Es señal de que voy bien, ¿verdad? Ahora, ¿cómo avanzo?

Tiempo de describir conductas y mostrar impactos

Traduce tus ideas a hechos. El punto es limitar tu subjetividad. Siempre serás subjetivo ya que, como aprendiste, siempre estás interpretando. Pero al conversar con otros debes encontrar indicadores que sean hechos (que se puedan observar) y hablar de esos hechos observables (no de tus ideas). Por ejemplo, no digas "eres irrespetuoso". Mejor di "bostezas e interrumpes mientras los clientes explican sus necesidades".

También recuerda que puede ser útil que al hablar hagas referencia al impacto que las conductas tienen. En especial, cuando una conversación es de pedido de cambio, es importante hablar del impacto que esos comportamientos tienen en el entorno (en el trabajo, en el equipo, en los usuarios). Siguiendo el ejemplo anterior, puedes decir:

- Cuando bostezas e interrumpes a los clientes cuando describen sus necesidades, esto impacta en la confianza que ellos tienen en nosotros.
- Cuando haces esto, percibo que impacta en el trabajo que venimos haciendo en la construcción de una relación duradera con los clientes.
- Cuando lo haces, impacta negativamente en el desempeño de todo el equipo.

Buscar el equilibrio

Como mencionamos antes, la idea es que la conversación tenga un equilibrio entre contar, preguntar y escuchar. Entonces, una vez que terminas de traducir tus interpretaciones a comportamientos, chequea con la persona que esto que piensas es así para ella. Como hacen los detectives en los interrogatorios: usted fue visto el 11 de octubre en el cruce de las avenidas Santa Fe y Callao a la tarde, ¿esto es así? Dar lugar al otro para que conteste. Por eso es importante que lo que describas sean comportamientos observables (no tu propia interpretación de ellos). De no haber acuerdo, estarás discutiendo hechos, no interpretaciones.

A ver si entiendo, dices. Podría decirle a la Montaña algo así como: vengo a hablar contigo porque estás enojada con los jefecitos y quieres erupcionar.

Turmalina: Ay por favorrr, esto va a ser difícil.

Juan: No, aprendiz. Mejor dile: observo que has comenzado a arrojar piedras volcánicas, cenizas. Eso es algo observable, ¿te das cuenta?

Ah, tienes razón Juan. Gracias. Eso. Eso es observable.

¡Montaaaña! He venido a conversar. Aquí estoy. Mira. ¿Ves? Tengo a Espadibur. Soy el elegido. Soy un aprendiz de líder. Estoy haciendo el *challenge* ESTÁS A CARGO. Quisiera conversar contigo. ¿Tienes unos minutos para escucharme? Quisiera conversar acerca del mundo del trabajo y del comportamiento de los jefecitos. Noto que tú estás despidiendo cenizas. ¿Esto es así?

Las emociones

En una conversación es necesario que solo hagas alusión a tus emociones. Tienes todo el derecho de sentirte como te sientes frente a los hechos. Pero no cometas el error de hablar de las emociones de la otra persona. Mejor, si quieres saber cómo se siente, pregúntaselo.

A ver si entiendo, preguntas, ¿solo puedo decir lo que yo siento?

Exacto. Volviendo al ejemplo, puedes decir "cuando bostezas o interrumpes a los clientes mientras explican sus necesidades, siento que les faltas el respeto".

Dices con total autoridad cómo te sientes cuando el otro hace lo que hace. Pero no le atribuyes intención a su comportamiento. Ni tampoco crees saber cómo la persona se siente cuando hace lo que hace. Si quieres saber cómo se siente, se lo preguntas.

Entonces, sostienes, siguiendo este consejo, debería decir algo así como: ¡Montaaaña! He venido a conversar. Aquí estoy. Mira. ¿Ves? Tengo a Espadibur. Soy el elegido. Soy un aprendiz de líder. Estoy haciendo el *challenge* ESTÁS A CARGO. Quisiera conversar contigo. ¿Tienes unos minutos para escucharme? Quisiera conversar acerca del mundo del trabajo y del comportamiento de los jefecitos. Noto que estás despidiendo cenizas. ¿Esto es así? Cuando emanas cenizas o arrojas rocas, siento que estás enojada y eso me da mucho miedo. ¿Es así? ¿Estás enojada?

Excelente, apunta Agatha. Estás haciendo progresos. Y dando lugar a que pueda contestarte. Ya estás listo.

Mantente alejado de los peligros. Nunca pero nunca hables con autoridad de sus creencias, ni de sus valores, ni de su identidad. Si quieres saber qué cree la otra persona, cuáles son los valores que la llevan a comportarse como lo hace y quién es, puedes preguntárselo.

El arte de hacer pedidos

En el caso de una conversación de cambio, el siguiente paso es hacer un pedido.

Turmalina: ¿Escuchaste bien, ¿no? Un pedido puede ser respondido por sí o por no. Si no, estás dando una orden.

Te entristece pensar que la Montaña puede decir que no y erupcionar. Pero sientes mucho miedo. Te has esforzado en todos los anteriores trabajos y temes fracasar ahora. Recuerdas que tienes recursos y te lo dices "tengo-recursos-tengo-recursos". Ojalá te alcancen.

Agatha, una vez más, lee tu mente y te dice que confíes en tu valentía para decir. Así que sonríes y preparas tu escalada.

Ya en el último tramo de la empinada ladera, te cuesta mantener el equilibrio cerca de la boca del volcán. Los temblores producidos por las placas tectónicas preparan el magma para bañar las laderas de la isla y destruir todo a su paso. No puedes mantener los ojos abiertos, y así es imposible ubicarse. Espadibur te protege con una especie de burbuja que hace posible tolerar el calor abrasador. Tembloroso, das un paso adelante y cubres tu rostro instintivamente con el codo izquierdo, porque las cenizas no te dejan ver nada. Blandes a Espadibur con tu mano derecha en alto, y con las rodillas aún doloridas, te paras frente a la boca del volcán desde donde puedes ver el magma ardiente, decidido a enfrentar tu destino. Con el último aliento de esperanza gritas:

¡Montaaaaña! He venido a conversar. Aquí estoy. Mira. ¿Ves? Tengo a Espadibur. Soy el elegido. Soy un aprendiz de líder. Estoy haciendo el *challenge* ESTÁS A CARGO. Quisiera conversar contigo. ¿Tienes unos minutos para escucharme?

Quisiera conversar acerca del mundo del trabajo y del comportamiento de los jefecitos. Noto que tú estás despidiendo cenizas. ¿Esto es así? Cuando emanas cenizas o arrojas rocas, siento que estás enojada, y eso me da mucho miedo. Estás en todo tu derecho de sentirte así. Solo quiero hacerte un pedido en nombre de toda la comunidad de ESTÁS A CARGO, que está conformada por aprendices como yo, que queremos transformar las prácticas de liderazgo. Necesitamos que nos des una oportunidad para cambiar las formas de relación. Si erupcionas, ya no tendremos la oportunidad de demostrar que somos mejores. ¿Puedes darnos esa oportunidad? Te ofrezco mi compromiso para cambiar el mundo del trabajo y, sobre todo, propiciar la creación de nuevos líderes.

Te aferras a Espadibur con ferocidad y te sientes desfallecer. Lo diste todo y tan solo esperas una respuesta para medir tu éxito. Has renunciado a tus instintos de autopreservación y tomas conciencia de que aun así estás vivo. ¿Será una buena señal o has muerto y todavía no te das cuenta?

Te desprendes de la sensación de control y agradeces por el valioso acto de respirar. No hay lluvia de rocas, cesan los temblores que producían las placas tectónicas. El cielo comienza tibiamente a despejarse. Bienaventurados los que lloran y especialmente los que aprenden que el llanto no solo está hecho de dolor, sino también de alegría. Hoy aprendiste que cualquier intento de luchar heroicamente, cualquier obstinación en conversar para imponer tu ego, para hacerle pagar al otro lo que te hizo, amenazar o hacerte valer contra él, no produce más que angustia y dolor. Aprender a conversar más sensata y humildemente trae paz. Dejar a un costado el ensimismamiento y la necesidad de control produce una crisis, pero si te comprometes a cambiar el modo de hacer las cosas, de esa crisis sales fortalecido.

Ninguna persona es una montaña tan escarpada de escalar ni tan feroz como un volcán a punto de erupcionar si aprendes a conversar de un modo in-ofensivo: decir lo que necesitas decir, a quien necesitas decírselo, y escuchar.

> Tu modo de conversar genera realidad cuando puedes cerrar la conversación con un pedido o un ofrecimiento que derive en una promesa.

Juan: Y sostener esa promesa en el tiempo.

Turmalina: Y si no se sostiene, hacer reclamos por incumplimiento de esa promesa.

Recibes un mensaje en tu *beeper*:

Excelente. 100 snails coins de plata.

Ahora que sabes cómo diseñar una conversación de pedido de cambio, puedes ejercer tu don de hablar para que las cosas pasen. Siempre que cierres con una promesa evitarás desgastarte, ya que si la persona no cumple, tu reclamo será en base a ese compromiso, no a conversar todo de nuevo. Igual, no te pongas ansioso, algunas problemáticas no se resuelven en la primera conversación. Puede que debas tener más de una. ¡Siempre diséñalas! Y recuerda ser asertivo y versátil.

Tu cansancio es proporcional a la sensación de logro.

Te sientes caer en un dulce sueño que no sabes si es producto de la magia o de relajarte tras haber pasado por tanta tensión. Abrazas a Espadibur contra el pecho. No sabes porqué temes que esa sea la última vez que la sostendrás entre tus manos. "Gracias" es la última palabra que pronuncias en tu mente antes de dormirte profundamente.

En busca de la Llama Ardiente de la Motivación

Amaneces lleno de vitalidad tras haber probado que eres digno de Espadibur, la espada mágica, y, especialmente, de haber sido asertivo en la conversación con la Montaña Parlante. ¡Te sientes un campeón! Y cuentas con los mantras que te otorgaron los tótems. ¡Cuántas herramientas! ¡Te sientes bien preparado para liderar!

Golpean la puerta de tu habitación. Al abrir, te sorprendes al encontrar, sobre el piso, una bolsa cerrada con una nota de Agatha: "Ponte esta vestimenta. La necesitarás donde vamos". ¿Una túnica? Minutos más tarde, frente al espejo, te lamentas. ¡Parezco un beduino! Bajas al *lobby* para soportar las burlas de Turmalina, que ya terminó de tomar su taza de leche.

Turmalina: Adivina dónde será tu próxima aventura, sultán.

Juan: Calla, Turmalina. ¡Te ves bien, aprendiz!

No le hagas caso a nuestra querida gata negra, dice Agatha, y te saluda. Además, lo cierto es que la túnica te protegerá del calor extremo y de la arena. Hoy emprenderemos la aventura más larga de tu iniciación: partiremos en caravana al desierto en busca de la motivación perdida. ¿Has oído hablar de la Llama Ardiente? Para nada, aunque suena bien, respondes.

Es una historia interesante, aunque muy triste, continúa Agatha. Desde el inicio de los tiempos, la humanidad buscó formas de procurarse sustento, seguridad y protección, y lo consiguió a través del trabajo. Una vez satisfechas sus necesidades básicas, buscó también la afiliación: formar parte de un grupo que le diera identidad. Y quienes pudieron encontrarlo aspiraron además a que el trabajo les otorgara un sentido de trascendencia a sus vidas. Así, se desarrollaron diferentes oficios que pasaron de generación en generación.

Más tarde, surgieron varias profesiones que buscaron resolver las necesidades de sus aldeas, de sus ciudades, y finalmente de sus organizaciones. El trabajo supo ser un oasis fértil donde las personas se desarrollaron. Tanto es así que, en agradecimiento, construyeron el Templo del Empoderamiento. Y, con mucha convicción, encendieron en el centro del altar mayor la Llama Ardiente de la Motivación Eterna. Pero un par de siglos después, tristemente se apagó.

Décadas y más décadas de rutinas extenuantes de trabajo repetitivo generaron miles de penurias, continúa Agatha. Las enseñanzas de mi padre, El Rigor, inspiraron teorías de administración de empresas que le arrebataron a la gente aquella satisfacción que provenía del trabajo hecho con compromiso.

Turmalina: Apuesto a que habías olvidado que Agatha es hija del Rigor, eh.

Juan: Aunque ella, ¡nada que ver!, no se parece a su papá.

Aquellas nefastas teorías de administración de empresas generaron a los jefecitos. Como ya sabes, los jefecitos quieren gente que no piense, que tan solo obedezca lo que definen "los de arriba". Sus actos autoritarios fueron erosionando el clima de aquel oasis hasta volverlo desértico. Producto de esa falta absoluta de liderazgo, las personas empezaron a ir al trabajo solamente a cumplir con su obligación. Y nada más. Buscaron su felicidad en otro lado. El trabajo se convirtió entonces en un flagelo.

Así fue como se formó el Desierto del Trabajo Repetitivo, donde las personas van arrastrando los pies a sacar el trabajo pendiente, siempre atentas al reloj. Descomprometidas, repiten frases como "esto no me corresponde", "no me pagan para eso". Y cada lunes esperan a que sea viernes para volver rápido a sus vidas.

Pero un grupo de rebeldes se resistió a la idea de tener que vivir a partir de las seis de la tarde. El trabajo no tiene por qué ser un modo cruel de supervivencia. No están dispuestos a restringir su creatividad de viernes a domingo. Por eso, huyeron. Caminaron en caravana durante meses hasta que encontraron un nuevo oasis donde se asentaron. Juntaron sus talentos y fundaron un nuevo mundo, el del Trabajo Empoderado. Aquí se sienten dueños de su trabajo.

Pudieron hacerlo porque descubrieron cuál es el secreto de la motivación y cómo mantenerse motivados. Justamente, como están motivados, mantienen la esperanza en los líderes verdaderos que, como tú, un día acabarán con el Desierto del Trabajo Repetitivo para siempre. Necesitan que alguien encienda de nuevo la Llama Ardiente de la Motivación Eterna.

Yo la haré arder de nuevo, contestas lleno de entusiasmo. Ayúdenme, por favor.

Juan: Genial. Por supuesto que te ayudaremos.

Turmalina: ¿Es estrictamente necesario? Mis patitas se queman con la arena caliente. Está bien, está bien. Iré. No me miren así.

No hay problema, Turmalina. Te llevaré en la montura de mi camello, dices entusiasmado. Andando. Acabemos con el Desierto del Trabajo Repetitivo de una vez y para siempre.

La colina sobre la que se asentaron los rebeldes se encuentra muy muy lejos, al final de un largo viaje con peligros propios del Desierto del Trabajo Repetitivo como:

- la desorientación
- la noche
- la deshidratación 
- el aislamiento
- las alimañas
- las tormentas de arena

Si tú, aprendiz, puedes encontrar la colina y subir todo el camino hasta la cima, entonces hallarás la Llama Ardiente de la Motivación Eterna. Para lograr que vuelva a arder, deberás pasar tiempo con los rebeldes y descubrir cuál es el secreto de su motivación. Si logras concretar ese aprendizaje y volver a encender la Llama Ardiente de la Motivación Eterna, habrás cumplido con el *challenge* ESTÁS A CARGO.

Me encantaría hacer arder de nuevo la Llama Ardiente de la Motivación Eterna, piensas. ¿Cómo llegamos allí, Agatha? Juan apunta que necesitaremos un mapa, y saca de abajo de la cola de Turmalina uno polvoriento y misterioso. Esto nos llevará a la colina donde los rebeldes conservaron la llama, en el Templo del Empoderamiento.

Propones organizar la carga. El desierto es uno de los lugares más inhóspitos del mundo. Deberemos montar en camellos, usar vestimenta que mantenga la humedad del cuerpo, llevar agua, comestibles y mercaderías.

El viaje llevará dos días hasta que logres tu cometido. Serán peregrinos y deberán resistir el calor, el frío y los peligros propios del Desierto del Trabajo Repetitivo en búsqueda de la clave de la motivación humana. Qué suerte que empaqué protector solar en la mochila, piensas, aunque no lo dices. Ya Turmalina se burló de ti lo suficiente llamándote sultán. ¡Siempre tan irónica!

Hackear la motivación

Montar en camello no es como montar a caballo. Cuando el camello está sentado, lo montas estirando tu pierna sobre el medio de las jorobas, y subes rápidamente. Turmalina se acomoda -rezongando- en un canasto que cuelga de tu silla de montar. Parten.

Vamos a adentrarnos en el tema de la motivación. La motivación humana es compleja y multifactorial. Hasta ahora, las diversas teorías explican parcialmente su funcionamiento. La definición clásica sostiene que motivación es cualquier proceso que energiza y dirige al comportamiento. Pero esto señala meramente lo que hace la motivación, sin identificar lo que realmente es.

¿Cómo crean las personas su propia satisfacción? ¿Cómo la anticipan? ¿Por qué persisten en una acción incluso si no esperan sentimientos de satisfacción? ¿Cómo cambia la motivación a través del tiempo? Estas son las preguntas que han movido a los científicos a estudiar. Las neurociencias han resignificado la forma de entender la motivación, ya que hoy sabemos cuáles son las relaciones entre el cerebro y esta.

El cerebro dirige y energiza la conducta. El gran aporte de las neurociencias al ejercicio del liderazgo, según explica el doctor Lucas Canga Ivica, experto en neurociencias aplicadas, es entender cuál es la base neural de la motivación. Tú, al igual que todos los seres humanos, tienes dos sistemas motivacionales que subyacen en tu comportamiento. Estos son el sistema inhibidor del comportamiento (SIC) y el sistema de activación del comportamiento (SAC).

El Sistema Inhibidor del Comportamiento te permite alejarte de lo que te desagrada y defenderte ante potenciales amenazas. Es rápido y se desata en forma casi inconsciente cuando sientes que vas a perder o a ser dañado. Desata la liberación de un neurotransmisor (norepinefrina) que te produce calor en las manos, ruborización y otros signos que indican que ya se liberaron las hormonas del estrés. Te prepara para luchar o huir, ya que te acelera, te pone más sagaz, te tensa los músculos y distribuye la circulación a los miembros, para que puedas correr más rápido. Este sistema viene de los tiempos en los que las personas, para sobrevivir, tenían que evitar ser comidos por un dinosaurio.

¿Para qué te sirve este sistema en la organización? Te permite poner límites y anteponer tu dignidad, así como elegir y decidir para tener libertad.

Tenemos que tener cuidado de no perder el rumbo de nuestra caravana, continúa Agatha. Es muy fácil desorientarse en el desierto.

La desorientación es peligrosa en el Desierto del Trabajo Repetitivo, porque genera reactividad. Dado que los jefecitos no predican el para qué del trabajo, la gente cree que su función es solo "sacar" el trabajo pendiente. Por ende, no planifican y encuentran miles de excusas para no hacerlo. Los jefecitos no les establecen prioridades. Y ellos no se sienten habilitados para decirles que no. Así, viven reaccionando a demandas espontáneas que siempre son para ayer. Y, por otro lado, lo que ningún jefecito pide, no se hace.

Retomemos entonces la lección, continúa Agatha. ¿Dónde estábamos? Ah sí. Hay dos sistemas de motivación que regulan tu comportamiento: el primero es el SIC, que ya describimos. El segundo es el SAC.

El Sistema de Activación del Comportamiento te permite acercarte hacia lo que te interesa, disfrutar y buscar recompensas. También tiene un neurotransmisor que media en la interacción llamado dopamina, a través del cual te activas para hacer lo que te gusta.

¿Para qué te sirve este sistema en la organización? Para definir lo que quieres, asociarte con personas que te interesan, disfrutar y obtener motivación intrínseca.

¡Qué interesante entender cómo funciona mi motivación!, piensas. Te sientes como alguien que puede ver con ojos nuevos un paisaje que creía conocido. ¡Estás extenuado! El calor produce una baja de tu energía. Aunque, paradójicamente, los conceptos son tan interesantes que tu sistema SAC se activa y le pides a Agatha que continúe explicando y compartiendo su sabiduría. Anhelas ser ese líder que encienda de nuevo y para siempre la Llama Ardiente de la Motivación Eterna. Y sospechas que aprender cómo hackear la motivación humana te será de gran utilidad.

El peligro de la noche

Ha caído la noche, y en el Desierto del Trabajo Repetitivo la oscuridad es muy peligrosa. Los jefecitos precipitan la noche cerrada toda vez que no le comunican a la gente cuáles son las expectativas que tienen respecto de su trabajo. También precipitan la noche cuando no les dicen si están desempeñándose de acuerdo a lo esperado o si necesitan hacer mejoras. Así, la gente trabaja totalmente a ciegas. Es importante que tú estés atento para acabar con esta práctica. El acuerdo de expectativas y el *feedback* iluminan la noche y la gente puede trabajar con autonomía porque entiende qué se espera de ella.

Te quedas pensando y le preguntas a Agatha si no sería bueno además pedir *feedback y* no solo darlo.

Juan: ¡Sí! ¡Es excelente lo que propones, aprendiz! Siempre sospeché que serías un gran líder... desde que te conocí en el Castillo Caracol.

Turmalina: Los dos son taaan melosos. Me superan. Mejor, me voy a dormir.

Turmalina se acerca a tu bolsa de dormir, da dos vueltas en círculo, se hace un bollito y cierra los ojos. Te quedas pensando en cuánto más bellas serían las noches si los líderes las llenaran con conversaciones con sentido de futuro, o, como dice el genio de Leo Piccioli, ex CEO y conferencista, con conversaciones de largo plazo. Si la noche se llenara con conversaciones de largo plazo, seguro se encenderían varias estrellas que iluminarían el mundo del trabajo. ¡Pero ni loco lo vas a decir! Turmalina se burlaría de ti hasta el final de los días. Tú también te acomodas. El sueño amenaza con vencerte y, solo por hoy, te dejas ganar. Ha sido un largo y caluroso día.

Amaneces en el refugio bebiendo agua de a sorbos y comiendo barras energéticas que resultan de mucha utilidad. La noche te resultó muy fría, producto de la desmotivación reinante en el Desierto del Trabajo Repetitivo. Gracias a sus nutrientes, las barras energéticas evitan el agotamiento y retienen más agua. El agua debe tomarse cada 15 o 20 minutos.

 Es importante estar atento a los signos de deshidratación, otro de los peligros.

Mucha gente muere deshidratada en el Desierto del Trabajo Repetitivo. Los efectos del calor empeoran cuando los jefecitos incrementan la presión hacia su equipo. Presionan, presionan y presionan por resultados, pero no dan autonomía ni participación en la toma de decisiones. Y, por ende, no generan herramientas para enfrentar los desafíos.

¡Y se les activa el sistema SIC!, dices, completando la frase de Agatha.

Excelente. Juan tiene razón: aprendes rápido. Debemos retomar la marcha. Si todo sale bien, antes de que caiga el sol podríamos llegar a la aldea donde habitan los rebeldes y entender cuál es el secreto de la motivación.

Retomemos nuestra conversación de anoche. ¿Te acuerdas? Claro que sí, respondes. Motivación es entonces la fuerza interna que hace que una persona desate y sostenga cierto movimiento, dice Agatha.

Una persona: un conectoma

Los conectomas son conexiones únicas e irrepetibles entre los sistemas motivacionales a partir de experiencias propias. Es decir, cada persona se conecta con los distintos tipos de motivación de un modo único. Incluso, esto puede cambiar en diferentes momentos de la vida de la misma persona. Interrumpes a Agatha y le preguntas a qué se refiere cuando dice "los sistemas motivacionales". ¿Cuántos son? ¿Cómo se llaman? Ella dice que eso es justamente lo que averiguarás en tu encuentro con los rebeldes. Ese es el *quid* de la cuestión. Ten paciencia. Recuerda que, gracias a que entendieron cómo mantenerse motivados, pudieron huir del Desierto del Trabajo Repetitivo.

Las organizaciones necesitan generar incentivos que estimulen la motivación de la gente. Muchas veces, se refieren a estas herramientas como zanahorias. Los jefecitos aplican un pensamiento lineal y autocentrado en la siguiente fórmula:

- motivación + zanahorias.

Los jefecitos razonan así: si a estos (se refieren así a la gente) les pongo más zanahorias, van a trabajar más.

Es cierto que algunos incentivos típicamente funcionan. Pero también es necesario ser ingeniosos al momento de diseñar los planes de incentivos. Las zanahorias no incentivan a todos. Algunos necesitan lechuga. Y a otros no los incentiva ningún tipo de verdura.

> Para lograr su cometido, los incentivos organizacionales deben considerar el perfil motivacional de los destinatarios.

La fórmula: + zanahorias, + motivación, produce tristeza y pérdidas.

Algunas personas valiosas activan su sistema SIC porque perciben lo que los jefecitos llaman zanahorias como una amenaza. Y, como respuesta instintiva, levantan barreras y se ponen a la defensiva. Por eso es tan importante que los nuevos líderes entiendan cómo funciona la motivación y personalicen las estrategias.

Incentivos a medida

"Un incentivo no es algo que te entreguen, sino algo que tu cerebro decide que lo motiva", sostiene Lucas Canga.

Empecemos por definir al incentivo como todo refuerzo que actúa sobre cada conectoma motivacional y desata y sostiene el movimiento.

De pronto, te sientes aislado. No sabes si es cansancio o qué, pero aparece la necesidad de quedarte solo. Piensas que motivar a los equipos es un trabajo demasiado grande para ti. No podrás. No serás capaz. No tienes con qué.

 Ágatha lee tu pensamiento (¡cuando no!) y dice que el aislamiento es otro de los desagradables síntomas que produce el Desierto del Trabajo Repetitivo. Y como resultado de ese síntoma, la gente se aísla dentro de sus sectores, casi podríamos decir se atrinchera. Los jefecitos no generan trabajo en equipo, sino más bien lo desalientan y promueven "quintas".

Juan: Pero tú, aprendiz, resiste, por favor, sin aislarte. Aquí estamos junto a ti, listos para acompañarte. Somos un equipo.

Listo. Aquí estamos. Hemos llegado a la parte más empinada del trayecto.

Del otro lado del médano encontraremos el oasis. Hay que dejar los camellos y caminar, dice Agatha. Te sientes sin fuerzas. Caminas sin avanzar. Este monte de arena nos dará problemas, dices. Hay que caminar y caminar. ¿No se dan cuenta de que estamos caminando siempre en el mismo lugar? Agatha, esto es agotador y desesperante... Hace horas que damos vueltas. Todos los esfuerzos son en vano, siempre estamos en el mismo lugar. Lo sé por la posición del sol en el cielo.

Agatha asiente y dice: así se siente el trabajo repetitivo. Los líderes deben encontrar la forma de que la gente pueda aportar ideas o criticar a sus superiores sin que estos lo tomen como algo personal, sino que puedan aceptarlo. Si eso ocurriera, las organizaciones darían lugar a la diversidad y a la innovación.

¡No! El trabajo repetitivo debe terminar. Acabaré con él. Seré parte del cambio. Me resisto a la desmotivación que genera. Recuerdas que, en tu mochila, entre muchos otros elementos, cargaste una soga. Quizás... si la utilizas para jalarte hacia arriba... Pero, ¿jalarte hacia dónde? Es muy difícil. Se te entierran los pies en la arena. Alcanzas a divisar, casi desfalleciente, unos cactus altos y gruesos.

Juan: Descuida, aprendiz. Yo engancharé la soga en esos cactus.

Pero no, Juan. ¡Es imposible! No podrás lograrlo, dices, antes de desmayarte. Tu pico es demasiado chi... chiquito. Plum.

Juan: Aprendiz, aprendiz. ¿Estás bien?

Agatha te reaviva con unos sorbos del Elixir de la Valentía que traías en la mochila.

Mira, aprendiz, y apunta con su dedo hacia delante. ¿Ves? Hemos llegado. Frente a tus ojos se despliega un abanico de colores. Un sol rojo arde sobre la línea del horizonte, y puedes ver con claridad el oasis más verde que cualquier poeta haya podido imaginar.

Juan: Así que diminuto, eh... Nunca subestimes el valor de un colibrí.

Prometo no volver a hacerlo. Perdón, mi querido Juan. El cosquilleo de sus alitas cerca de tu oreja afirma que no se ofendió contigo por subestimar su pico. ¡Tiene tan buen genio!

La rebeldía es la automotivación

Pasas la tarde en una bellísima aldea donde te ofrecen tisanas para regular el calor corporal y la presión. Te recuerdan un poco a los habitantes de Errortown. Son muy amables. Se comportan como gente que se siente feliz con su vida. Te ofrecen una canasta con dátiles que sacian tu apetito. Su presencia te transmite paz. Reflexionas en cuánto mejor sería el mundo si las personas vivieran motivadas. Quieres llevarte de allí la fórmula mágica para esparcirla en tu sector, en tu equipo y en toda tu organización. Escuchas más de lo que hablas y haces preguntas cuando quieres puntualizar.

De pronto, te invade una especie de tristeza. ¡Has vivido equivocado pretendiendo motivar a todos de la misma manera! En especial, te avergüenzas al recordar las veces en las que te pusiste tenso porque la gente no se motivaba con lo que te motiva a ti. Aun así, sería injusto compararte con los jefecitos, ¿o no? Agatha lee una vez más tu pensamiento. Y te dice: tú no eres un jefecito. Sonríes. Es cierto. No lo soy. No te sientes como uno. Tú sí quieres inspirar a los demás a que se empoderen y den lo mejor de sí mismos.

Te muestras interesado en hacer más preguntas a los rebeldes. Cual antropólogo, tomas notas en tu bitácora para no olvidar ningún detalle.

La combinación justa

Las personas somos seres complejos. No nos gustan las mismas cosas. Incluso, con el tiempo, lo que solía actuar como un incentivo, deja de estimular nuestro comportamiento.

¿El secreto? ¿Cuál secreto?, pregunta Vera, una de las rebeldes. ¿Acaso llamas secreto a nuestro descubrimiento? Bueno, en verdad lo que entendimos, ante todo, nos hizo libres. Nos dimos cuenta de que podemos ser felices en el trabajo porque nos gusta lo que hacemos y cómo lo hacemos y con quiénes lo hacemos. Nos gustan las organizaciones jengibre, donde cada parte del todo es reconocida como importante. Nos gustan las organizaciones donde las ideas matan a las jerarquías. Pero volviendo a tu pregunta acerca del secreto, te lo diré usando una analogía: la motivación es como una caja fuerte, de esas que se abren y se cierran con una combinación.

En esta analogía, a la combinación de tu caja fuerte la llamamos conectoma. Todos tenemos un conectoma (una combinación única e irrepetible) de los cinco sistemas motivacionales.

- Extrínseca: el incentivo es externo. Te motiva el dinero, los bonos, los premios y formas de reconocimiento vinculadas al estatus.
- Intrínseca: el incentivo es interno. Te motivan los desafíos, el crecimiento profesional, la pasión que nace de adentro y que no encuentra un techo.

- Contributiva: el incentivo es interno, pero de impacto en otros. Proyectas tu motivación hacia afuera. Te motiva desarrollar, ayudar y enseñar a otros.
- Institucional: el incentivo es externo, pero beneficia a la organización. Te motiva hacer lo que la organización necesita, seguir la estrategia.
- Compromiso relacional: el incentivo es la relación con tu líder. Te motiva que tu líder busque tu desarrollo, te tenga en cuenta, trabajen juntos y formen una buena dupla productiva.

Los líderes deben observar con mucha cautela a sus equipos y evaluar a conciencia qué puede resultar un incentivo para ellos y qué no.

Y tú, lector, ¿cómo sientes que está formado tu conectoma? Te invito a hacer un ranking de predominancia.

Motivación extrínseca	1 2 3 4
Motivación intrínseca	1 2 3 4
Motivación contributiva	1 2 3 4
Motivación institucional	1 2 3 4
Motivación compromiso relacional	1 2 3 4

La tormenta de arena

Agatha ingresa a la tienda agitada. Debemos irnos ya mismo, aprendiz. Recoge rápido tus cosas. Se avecina una tormenta. Se corrió el rumor. Los jefecitos saben que estás aquí como parte de tu iniciación, listo para encender La Llama Ardiente de la Motivación Eterna. No se quedarán de brazos cruzados: enviarán alimañas y buscarán culpables. Es lo que mejor saben hacer. Su ira desatará una tormenta de arena. Si no partes ahora, antes de que caiga el sol, la tormenta te alcanzará y habrás perdido tu oportunidad.

Te pones de pie como un rayo, aunque lamentas abandonar el campamento tan pronto. Te sentías tan a gusto con los rebeldes... Les agradeces el tiempo compartido. Prometes divulgar lo que te enseñaron acerca de la motivación. Vera te da un abrazo de despedida y te recomienda seguir las señales. Hay algo que no te dije antes cuando preguntaste por eso que llamaste el secreto de nuestra motivación, dice. El gran secreto no es el conectoma en sí mismo. El secreto para ti, como líder, es que no importa cuál sea la combinación de sus "cajas fuertes", o sea tus tipos de motivación, porque absolutamente a todas las personas las motiva el reconocimiento. Y, a veces, también la aceptación de parte de su líder. Los líderes que reconocen el valor del trabajo de la gente encienden la llama de sus corazones. No lo olvides, todas las personas necesitan el reconocimiento. Pero hay una condición: lo que tu boca diga debe haber pasado antes por tu corazón. Sé sincero cuando reconozcas el trabajo de la gente.

¡En marcha! Estás listo para montar el camello. Irás hacia el norte, rumbo al Templo. El mundo del trabajo merece que La Llama vuelva a arder. La caravana retoma el camino. El calor, alrededor de los 50°C, resulta agobiante. Es una tarea ardua y tediosa porque cada paso que dan en la arena no encuentra un cimiento firme. La pendiente es elevada y los camellos no recibieron el descanso que necesitaban. Es momento de apurar la marcha. Debes ir más rápido. Si te pilla la tormenta, no podrás avanzar ni siquiera a pie.

Las tormentas de arena son otro de los peligros del Desierto del Trabajo Repetitivo. Se desatan por la actitud que los jefecitos tienen frente a los errores. Empiezan una caza de culpables que genera vergüenza, enojo y que no permite que los equipos aprendan del error. La ira colectiva potencia la tormenta.

Desfalleciente, llegas a la acrópolis minutos antes de que caiga el sol. Desde la cima del médano puedes ver un templo de estilo griego completamente rodeado por columnas. A tu derecha, notas el pórtico. Antes de que se formara el Desierto del Trabajo Repetitivo, este templo dórico cumplía una importante función: custodiaba los bustos en mármol de los Grandes Líderes. Además, era el sitio donde se conmemoraba el Día del Trabajo. Y, sobre todo, supo ser la residencia de la enorme escultura en mármol que tienes frente a tus ojos: La Llama Ardiente de la Motivación Eterna.

Más rápido, aprendiz, dice Agatha. Intentaremos proteger el pórtico del Templo del Empoderamiento, pero la tormenta está muy cerca. Casi no podemos ver. Una gran nube de polvo y arena se avecina. No queda tiempo.

Te paras frente a la escultura, que está tapada con lienzos, y dices la frase mágica: Llama Ardiente de la Motivación, ¡enciéndete!

 **Turmalina:** Debe ser una broma. Tanto viaje para decir eso. ¡Un poquito más de creatividad, aprendiz! Por favorrrr.

Juan: Basta, Turmalina. Déjalo pensar.

Trepas los escalones con tus últimas fuerzas. Te dejas caer sobre la escultura. Jalas con violencia los paños hasta poder palpar la base de mármol que la sostiene. Las yemas de tus dedos encuentran una inscripción. No la puedes leer, porque el templo está a oscuras. Te abalanzas de un brinco y buscas la linterna en la mochila. Desgarras tu túnica y frotas la base de mármol de la escultura con los trozos de tela. Te ayudas con la linterna hasta que puedes leer con total claridad la inscripción de la base de mármol de la Llama Ardiente de la Motivación Eterna: RECONOCER.

Miras hacia todos lados, pero no se te ocurre nada. En el pórtico, los esfuerzos de la Brigada AT no resultan suficientes. La puerta está a punto de abrirse, y, para colmo de males, se cuelan por el templo las alimañas que liberaron los jefecitos cuando se enteraron de tus intenciones de encender la Llama Ardiente y que el mundo del trabajo vuelva a ser un oasis.

Juan está nervioso. Va y viene. No puede detener a las alimañas.

 Alimañas (serpientes y escorpiones): su picadura es letal para el talento humano. Proliferan en el Desierto del Trabajo Repetitivo cuando los

jefecitos atrasan, postergan, demoran y dan vueltas para tomar las decisiones que traen alivio a los dolores de la gente. Demoran la solución a la falta de procesos, al solapamiento de tareas y a la necesidad de mejorar la comunicación interna.

Juan: Apúrate, aprendiz. Cientos de alimañas suben por las escalinatas. No podemos resistir más. Usa tu instinto. La palabra de la inscripción: reconocer, ¿qué significa?

Turmalina: Más rápido, sultán, ¡te lo pido por favor! Los gatos odiamos a las alimañas.

RECONOCER. Pff. Veamos. Ay, no sé. Reconocer. Eeeh… Reconocer es una palabra distinta. Es rara. Eso es. Sí. Ya sé. Se lee de adelante para atrás y de atrás para adelante. Reconocer, dices con un tono de voz más elevado. Reconoceeeer, gritas frente a la escultura. No pasa nada. Agatha te pregunta "¿qué tipo de palabra es, aprendiz?". Es un verbo, dices, y le agradeces a tu maestra de Lengua que te enseñó acerca de verbos y conjugaciones. La palabra reconocer es una acción.

¿Cuál es el uso del verbo, aprendiz? ¿Cómo la uso? Practico el reconocimiento cuando reconozco. Ah. Ya sé. Recuerdas las palabras de Vera, la rebelde. Ella, antes de despedirte, dijo que todos necesitamos la aceptación y la mirada aprobatoria de nuestro líder. Reconocer es eso. Es decir en voz alta algo que aprecias y agradeces el trabajo de tu gente.

Demasiado tarde. Los escorpiones avanzan sobre las escalinatas del templo y están a metros de llegar al pórtico. En instantes te devorarán.

Reconocer. El líder que reconoce el trabajo motiva a todos sin importar la combinación de su caja fuerte. Debo decir en voz alta un reconocimiento y encenderé La Llama Ardiente de la Motivación Eterna.

Te reconooooozco, gritas como poseído.

La base de mármol de la escultura tiembla.

Juan: Eso es, aprendiz, Lo estás haciendo bien.

Te paras bien erguido sobre tus dos pies y dices a los gritos: te veo, te reconozco, te valoro. Gracias.

El altar mayor cruje y un rayo de luz emerge de la Llama Ardiente. Sientes ganas de llorar, pero reprimes la emoción. Las palabras de Vera resuenan en tu interior. Sueltas la emoción y dejas que las lágrimas mojen tu rostro. Ella fue muy clara: debes sentirlo. El líder que reconoce el trabajo de su gente, el líder que dice que el trabajo del equipo vale, debe ser sincero. Tus lágrimas demuestran que lo dices desde el corazón.

Repites una vez más: Te veo - Te reconozco - Te valoro. Gracias.

Una fuerza invisible cubierta de una luz brillante expulsa a las alimañas fuera del templo. De pronto, la luz se apodera de todo y se enciende una llamarada de fuego que, después de muchas décadas, pone a La Llama Eterna a arder. Y al encenderse la llama, todos levitan.

Te veo - Te reconozco - Te valoro. Gracias.

Frases como estas, pronunciadas por ti cuando ESTÁS A CARGO, motivan.

RECONOCER es una palabra rara. Puedes leerla de adelante para atrás y de atrás para adelante. Pero el acto de RECONOCER produce magia en la gente porque, como te dijo Vera, la rebelde, enciende la llama de los corazones de las personas.

Tu labor ha sido excelente, aprendiz, dice Agatha. Y crees reconocer también en ella lágrimas de emoción que surgen de sus ojos de amatista.

El trabajo sin motivación es hostil y hace que el estado anímico se vuelva árido como este desierto que hoy acabas de destruir. Ahora la llama se ha vuelto a encender. Es fabuloso. Estamos volando. Y es así cómo se siente la gente cuando trabaja motivada: siente que vuela. Por eso la figura del líder es tan importante. En la mayoría de los casos, las personas no dejan las organizaciones, dejan a sus jefecitos.

Suena tu *beeper*:

Has dado el último paso. ¡Completaste el challenge ESTÁS A CARGO! Has aprendido que no importa cómo se conforme el conectoma motivacional, cuando ESTÁS A CARGO, reconocer al equipo produce magia. Aquí tienes tus últimas snails coins. Tienes 1000.

Ve a dormir. Te has ganado el descanso, dice Agatha.

Turmalina: Sí, y te pido, por favor, que te saques esa tonta túnica de sultán de una vez por todas.

Juan: ¡Turmalina! ¡No le hables así! Gracias, aprendiz, por haberlo sacrificado todo, incluso tu única vestimenta para encender de nuevo la Llama Ardiente de la Motivación Eterna. Eres mi héroe.

Gracias Juan, dices y sonríes. Tú has sido una inspiración. Siempre diciéndome cosas lindas y reconociéndome. Siento que eres mucho más que mi compañero de aventuras. Siento que, de verdad, eres mi amigo.

Y tú, Turmalina, no pongas esa cara, ni te escabullas. A lo largo de cada trabajo me he dado cuenta de que tu acidez es una protección, ya que, como buen felino, eres cautelosa. Pero tú sí crees en los líderes. Ambos han sido compañeros magníficos. Todo lo que he logrado ha sido por su cercanía. Diría que este ha sido un resultado en equipo. ¿Acaso no son así las organizaciones jengibre, según me han enseñado ustedes? Nadie trabaja solo.

Turmalina + Juan: Estamos realmente orgullosos de ti. Aunque ya no podremos seguir llamándote aprendiz. Ahora, después de haber superado los doce trabajos, te diremos: Señor Líder certificado.

No, por favor, Turmalina, Juan. No me llamen así.

A lo largo de estos 12 trabajos he aprendido que si ESTÁS A CARGO, eres un eterno aprendiz. Me he ganado ese título: seré un eterno aprendiz. Me declaro en permanente estado de formación.

¡Excelente! dice Agatha. Y así has terminado los 12 trabajos. Felicitaciones.

Refundar el mundo del trabajo

Ya puedes volver a casa. Turmalina te devuelve el teléfono celular que había quedado al resguardo en una caja en el Castillo Caracol y todas las *snail coins* que has ganado; las de plata y las de oro.

Piensas lo extraño que ha sido vivir sin el teléfono celular todo este tiempo y acaricias el *beeper* antes de entregarlo. Agatha dice que lo conserves. Te pertenece, y además puedes repasar los mensajes que fuiste recibiendo toda vez que necesites conectar con tu propósito como líder. Gracias. Te despides de Agatha y le dices que nunca la olvidarás. Ella responde que no será necesario, ya que siempre estará para ti.

Antes de subir las escalinatas del avión, miras por última vez lo que solía ser el Desierto del Trabajo Repetitivo, que ahora ha quedado en ruinas. Deseas profundamente que tanto tú como los futuros líderes sean capaces de crear organizaciones jengibre donde la motivación fluya.

Que así sea, dice una voz desde la cabina. ¡Es Vera, la rebelde! Que ahora te da un lindo abrazo. ¡Y el piloto es el del avión hidrante con el que regaste las organizaciones jengibre! ¡Y los habitantes de *Errortown*! ¡Cómo olvidar esa mirada brillante! Gracias por las felicitaciones. ¡No lo puedes creer! Las Sirenas del Miedo, del Enojo y de la Exigencia. Claro que sí, dice Agatha. ¡Pero si es Elo! Que, a propósito, ya no luce tan feroz ni amenazante, sino como un compañero de trabajo. Felicitaciones, la voz del mago de la Ciudadela de la Comunicación te toma por sorpresa. Y detrás de él, la pareja de equilibristas te regala una flor. Claro que sí, todos hemos venido a darte nuestro reconocimiento. Ahora, que ESTÁS A CARGO, no nos olvides.

Todos servimos a la misma causa: cambiar las organizaciones acompañando el desarrollo de nuevos líderes: personas como tú, comprometidas a cambiar su metro cuadrado. Y mientras más líderes realicen el *challenge* ESTÁS A CARGO, más chances tendrá el Planeta Tierra de refundar el mundo del trabajo.

Te invade un sentimiento de gratitud y las lágrimas que brotan de tus ojos conviven con una enorme sonrisa. Ajustas el cinturón de seguridad y pones la butaca en posición vertical antes del despegue. Apagas el teléfono celular. No ves la hora de aterrizar y empezar a aplicar todo lo que has aprendido...

Ya no tienes dudas, hoy empiezas a construir un mañana mejor.

La Gran Transformación

El próximo trabajo comienza cuando el avión aterriza y el piloto anuncia que puedes desajustar tu cinturón de seguridad y volver a prender tu teléfono celular.

El mañana es una creación tuya. Lo escribes a través de tus próximas acciones, elecciones y decisiones. ¿Dónde pondrás tu atención ahora que sabes más, que te has dado cuenta de más y que tienes más herramientas? Adonde va el pensamiento va la energía. Haces crecer aquello a lo que le das tu atención de modo sostenido.

Te invito a que, como dice la canción del Flaco Spinetta, ya no mires atrás.

El mañana es mejor porque hoy estás a cargo.

Como consultora externa, suelo preguntarle a la gente en mis talleres qué necesitan para trabajar mejor. Con independencia de la industria en la que trabajen y los cargos que ocupen, el auditorio suele responder que la comunicación no es suficiente.

¿Cómo me responderías tú? Salvo que seas la excepción, estarás de acuerdo.

Entonces, ahora dime ¿dónde pondrás tu atención? ¿Serás gárgola de los espacios de reunión individuales y de equipo o seguirás dejando que la reactividad atente contra estos espacios porque se pierde tiempo de producción?

¿De qué estás a cargo?

Estás a cargo de la gente que está a cargo del trabajo. Por eso, la Gran Transformación implica que te vuelvas bueno lidiando con los conflictos y las necesidades de la gente. Ese es tu trabajo en esta nueva Tierra donde aterrizaste.

El accionista y el *senior management* te paga para que converses con la gente porque te pide que los mantengas motivados. Por eso, debes volverte bueno en el arte de escuchar, hacer buenas preguntas y vigilar que los espacios donde se produce la interacción se mantengan a pesar del trabajo híbrido y del exceso de tareas.

Y la gente te seguirá solo si la ayudas a crear(se) posibilidades: a que sepa, quiera y, en especial, a que pueda. Así es como habitarás esta nueva Tierra.

En los próximos 10 años, habrá más evolución que en los últimos 100.

En el documental *The Good Future,* Gerd Leonhard explica que, a pesar de todos los pronósticos desalentadores, el futuro es mejor de lo que pensamos. Él cree que el ingenio humano, la ciencia y la tecnología pueden y van a resolver nuestros problemas de larga data. Y que la amabilidad humana prevalecerá, junto con la capacidad de colaborar. Y como estoy de acuerdo con los dichos de Leonhard, soy optimista acerca del mañana. ¿Qué hay de ti?

La Tierra de la Gran Transformación

No bien pongas un pie en el estribo y bajes la escalinata del avión te enfrentarás con tu nuevo desafío: ser cocreador.

Creo que las estructuras piramidales un día serán tan graciosas de recordar como esas anécdotas de teléfonos con cable que hoy le cuento a mis hijos. Cuando su mamá se iba a la costa con las amigas y, después de volver de la playa, hacía fila en una cabina o, más tarde, en un locutorio, para llamar por teléfono a la familia.

Siento que las organizaciones jengibre reemplazarán a las verticales que tanto supimos padecer y lo harán porque gente como tú logrará esa transformación. En esta nueva Tierra, el trabajo será entendido como un vehículo que aporta valor, no como un contrato que describe funciones formales de un cargo estático.

Ahora, sentado en la combi que te lleva al interior del aeropuerto, pregúntate: ¿cómo puedes colaborar hoy, aquí y ahora, a que cada rizoma pueda desarrollarse en tu organización? ¿Valoras las opiniones de todos o solo la de los especialistas? Porque la inteligencia artificial amenaza a estos últimos. ¿Crees que alguien de Comercial puede criticar a Desarrollo o tienen que tener credenciales para que les des autoridad?

En la Tierra de la Gran Transformación, la gente optará por organizaciones que promuevan el bienestar, porque será más importante que el progreso material.

Las nuevas generaciones consideran exitosos a aquellos líderes que hacen lo que les gusta porque eso es inspirador, y serán admirados por la coherencia con la que viven sus propósitos más que por los logros de su vida.

Antes de recoger tu valija y salir del edificio, pregúntate: ¿haces lo que te gusta?

Si tu respuesta es no, ¿qué esperas para hacer algo al respecto? ¿Te quedas detenido por inercia, por miedo o por supervivencia? ¿Para qué te sirve? ¿Qué precios pagas? ¿Es lo mejor que puedes hacer?

Ahora, que recuperas el equipaje con el que empezaste el *challenge* ESTÁS A CARGO, proponte enamorarte de nuevo de tu trabajo. Y si nada de eso funciona, búscate otro. ¿Quién dice que es muy tarde? Desafía esa idea. Esta es la Tierra de la Gran Transformación. Anímate a cuestionar las creencias que te mantienen atado a un sitio que no te hace feliz, porque ningún trabajo vale semejante sacrificio. ¡Imagina lo agradable que será el clima de trabajo si la gente además de estar porque necesita está porque quiere! Inspíralos siendo parte de que quieran.

A pesar de todo lo que he dicho, mis amigos, alumnos y clientes saben que no soy negadora. Así que también te digo que, incluso en esta Tierra, surgirán conflictos. Pero la forma de resolverlos será conversando, porque todos se sentirán con herramientas para hacerlo con confianza. ¿Hoy escuchas abierta y comprometidamente las disconformidades? ¿Levantas la mano para decir las tuyas? ¿Estás comprometido con el cambio? Necesitaremos empezar a concebir el trabajo más como una forma de aportar a la sociedad que como un castigo bíblico.

Ocuparse de la gente que se ocupa del trabajo implica contribuir a que el *senior management* y el accionista se convenzan de que el desarrollo de las personas es prioridad para la supervivencia y tanto o más importante que los clientes.

La evolución del liderazgo es una verdadera revolución

En la Tierra de la Gran Transformación, el liderazgo es una forma de ser y de estar en el mundo: personas diversas viviendo la vida desde una posición protagonista. Pidiendo lo que necesitan, levantando la mano, ofreciéndose, diciendo "me equivoqué" sin que eso menoscabe su autoestima, trayendo ideas y aceptando un no como respuesta. Es decir, animándose a liderar sin importar el cargo que ocupen.

Los cambios acelerados que traerá la inteligencia artificial al mundo de las organizaciones necesitará de ti para esta evolución: ¿cómo ayudas hoy a otros a habitar la incertidumbre con templanza y a abrazar el cambio como lo único que nos mantiene abiertos a la sorpresa?

La inteligencia artificial terminará con los trabajos repetitivos. ¡Me resulta de lo más estimulante! Las personas necesitaremos reaprender y desarrollar talentos nuevos. Trabajar hoy en el área de Producción y mañana en el área Comercial. ¿Por qué no? Pasar de un área de Capital Humano a una de Retail y de una de Desarrollo a otra de Implementación. ¿Celebras estos movimientos? O, mejor dicho, ¿promueves hoy estos cambios en tu actual organización? Empieza ya a pensar fuera del raviol del organigrama si es un obstáculo para ser más ágiles.

Las habilidades sociales serán la clave de esta Gran Transformación.

¿Cómo creas hoy en tu equipo la confianza necesaria para que la gente que está acostumbrada a acudir a ti para la búsqueda de soluciones encuentre valor en apropiarse del trabajo, darse a conocer, hacerse cargo, sumar ideas, negociar, aceptar un no y ofrecer su compromiso en equipos multidisciplinarios?

Para participar de estas redes de trabajo colaborativo, habrá que naturalizar al error como la metodología de aprendizaje más exitosa. Y para eso, serás clave. La *learnability* nos desafiará a todos por igual con una agenda donde viviremos aprendiendo y desaprendiendo como rutina de trabajo.

¡Explorar y crear talentos nuevos, independientemente de la profesión que hayamos elegido alguna vez! Pensar en productos mínimos viables, proyectos que empiezan y terminan en fases de iteración cortas. Probar. Medir. Equivocarse rápido para hacer mejoras. Aprender cómo operan nuestros usuarios.

Como sincera postulante a *centennial*, celebro la valentía de las mentes y de los corazones que lideren esta transformación en los años por venir.

Te invito a vivir este último desafío de modo épico, porque necesitamos refundar el mundo del trabajo con tal pasión y porfía que nuestro mantra sea propósito-esfuerzo-alegría. Aliviemos los puntos de dolor, removamos obstáculos, inspiremos con nuestra vida y nuestras palabras. El mañana es mejor porque en esta Tierra la palabra trabajo rima con diversión. ¿Cómo? Porque cuando estamos a cargo, riman. ¿Qué necesitas hoy de ti para construir ese mañana?

AGRADECIMIENTOS

Gracias a todos mis maestros y maestras de la vida y de la profesión porque han sido mi inspiración y guía.

A Marce por haber creído en mí mucho antes de que llegaran los aplausos.

A Vera y a Gonzalo porque sé que, no importa a donde los lleve su deseo, caminarán su vida como los líderes que son.

A mamá, que siempre supo *estar a cargo*, y estaría orgullosa de leerme. Gracias porque me enseñaste a perseverar.

A papá, que siempre acompaña con optimismo, y sé que está orgulloso. Gracias porque me convenciste de que lograría lo que me propusiera.

A Vicky Guazzone porque le sacaste punta a mis lápices. Tus correcciones y sabios comentarios le dieron forma a esta locura que disfruté mucho escribir.

A todos aquellos que, aún no conozco, pero deseo vitalizar a través de estos capítulos.

Gracias al Universo Dios Diosa por prestarme las palabras.

BIBLIOGRAFÍA

- BAILEY, Alice A. (2008). *Los Trabajos de Hércules*. Editorial Fundación Lucius.

- DOERR, John. (2019) *Mide lo que importa*. Editorial Penguin Random House.

- ECHEVERRÍA, Rafael. (2018) *Ontología del lenguaje*. Editorial Granica.

- GRINSTEIN, César. (2004) *Conversar, el poder transformador de la palabra*. Editorial César Grinstein.

- Ponce Talancón, H. "La matriz FODA: una alternativa para realizar diagnósticos y determinar estrategias de intervención en las organizaciones productivas y sociales" en Contribuciones a la Economía, septiembre 2006. Texto completo en http://www.eumed.net/ce/

- ¿Para qué sirve la utopía? Birri, Fernando, (3) Eduardo Galeano: ¿Para qué sirve la Utopía? - YouTube

- Recent Developments in Neuroscience Research on Human Motivation Advances in Motivation and Achievement, Volume 19, 119 Copyright r 2017 by Emerald Group Publishing Limited All rights of reproduction in any form reserved ISSN: 0749-7423/doi:10.1108/S0749-742320160000019022

- Philip Corr City, Reinforcement Sensitivity Theory, University of London, London, UK

- Emotion Review Vol. 8, No. 2 (April 2016) 144–153 © The Author(s) 2014 ISSN 1754-0739 DOI: 10.1177/1754073914558466 er.sagepub.com

- Richard M. Ryan (ed) (2018) The Oxford Handbook of Human Motivation (2nd ed), Oxford University Press, ISBN 9780190666484

- From Corr, P. J., & Krupić, D. (2017). Motivating Personality: Approach, Avoidance, and Their Conflict. In A. J. Elliot (Ed.), Advances in Motivation Science (pp. 39–90). ISBN: 9780128121238 Copyright © 2017 Elsevier Inc. All rights reserved. Academic Press

- Robert Dilts & Judith Delozier con Deborah Bacon Dilts, (2016) PNL II LA SIGUIENTE GENERACIÓN, Editorial El grano de Mostaza ISBN 978-84-946144-08

- Daniel Goleman, Richard Boyatzis, Annie Mc Kee, (2006) El líder resonante crea más, Editorial Planes & Janés ISBN 9788497598088

- Gardner Howard (2011). Verdad, bondad y belleza reformuladas. Editorial Paidós Ibérica ISBN 9788449326042

- Gerth Leonhard, Documentary The Good Future https://youtu.be/yHC5n7G5SeI

- SELMAN, Jim. (2008). *Liderazgo*. Editorial Pearson, Educación de México.

- OLALLA MAYOR, Julio. (2008). *Del conocimiento a la sabiduría.* Newfield Ediciones.

- J. Seymour y J O´Connor, (1996) PNL para formadores, Editorial Urano, ISBN 9788479531522

- Salvador Carrion Lopez, (2008) Curso de Practitioner en PNL, Editorial Obelisco, ISBN 9788497775106

- Pérez Porto, J., Merino, M (2013). Otredad - Qué es, definición y concepto. Definicion.de. Última actualización el 30 de junio de 2021. Recuperado el 3 de julio de 2023 de https://definicion.de/otredad/

- LEVY, Norberto. (2003) *La sabiduría de las emociones 1,* Editorial Debolsillo.

- LEVY, Norberto. (2008) *La sabiduría de las emociones 2, Aprendices del amor,* Editorial Debolsillo.

- COVEY, Stephen R, MERRIL, Rebecca R, MERRIL, A. Roger. (1995) *Primero lo primero: Vivir, amar, aprender, dejar un legado,* Editorial Paidós Ibérica.

- WOLK, Leonardo. (2003) *El arte de soplar las brasas,* Editorial Gran Aldea.

Esperamos que este libro
haya sido de su agrado.
Para información o comentarios,
contáctenos en la dirección
que aparece debajo.

Muchas gracias.

www.hojasdelsur.com